多分そいつ、今ごろパフェとか食ってるよ。

孤独も悪くない編

Jam
マンガ・文

精神科医
名越康文
監修

sanctuary books

孤独ってなんだろう？
居場所ってなんだろう？

どこへ行っても寂しくて
どこへ行ってもいづらくて

一人だからと悲しんで…
……
……
…

一人だからホッとする…

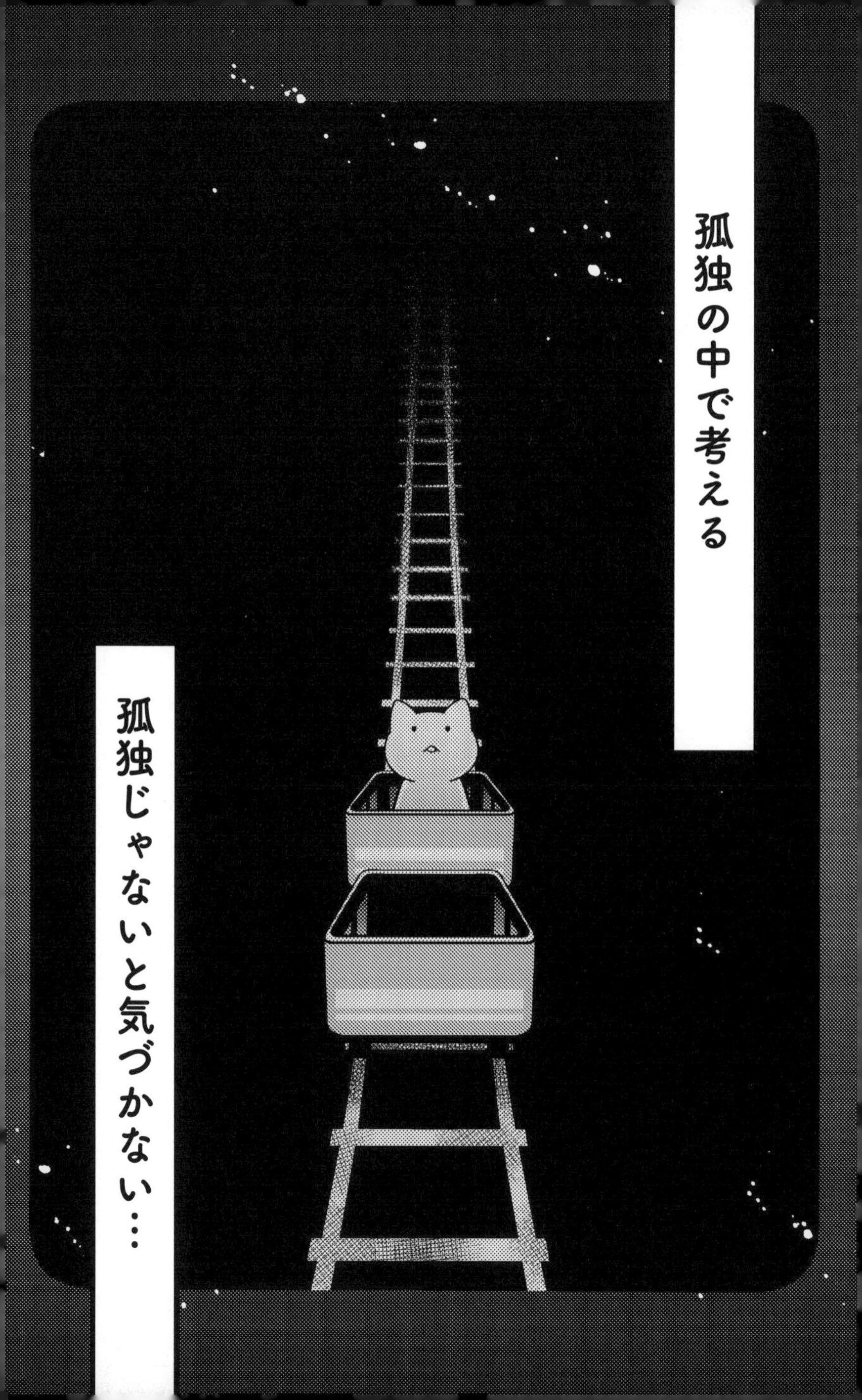
孤独の中で考える
孤独じゃないと気づかない…

本当に会いたい人…
本当に生きたい場所…

一人じゃ足りないものに気づいて…
変えられる未来があるなら…

孤独も…
悪くないかもしれない

はじめに

「呑気と見える人々も、心の底を叩いて見ると、どこか悲しい音がする」

夏目漱石の『吾輩は猫である』に出てくる名言です。

この言葉を見た時、パッと見ではわからなくても、人の心の底には、孤独や不安や悲しみがあって、自分も、あの人も、みんなが心の底に、それを抱えて生きているのかもしれない。そんな風に思いました。

はじめまして、Ｊａｍと申します。

この度は、拙著をお手に取っていただき、ありがとうございます。

この本は、前作『多分そいつ、今ごろパフェとか食ってるよ。』の続編です。

タイトルは、昔、私が人間関係で悩んでいた際に、友人が言った言葉です。

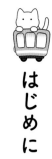

自分が悩んでいる時も、相手は楽しくパフェを食べているかもしれないし、こっちが悩んだ分、相手も気にするわけじゃない。そんな風に考えると、こっちだけ相手のことで悩むのは馬鹿みたいだな…と、気が楽になりました。

今回もやはり、一人で悩む時間を、少しでも減らしてもらいたい気持ちが強かったので、同じタイトルの続編とさせていただきました。

前回の本のテーマは、そんな風に、ここにいない相手から「心を守る」でしたが、今回の本のテーマは「孤独や不安」です。

人生の悩みは、色々ありますが、対人の悩みと同じくらい、自分の巾でぐるぐると回る、孤独によって生まれる悩みも多いと思います。

私はどちらかというと、孤独について考えてきた時間の方が、誰かについて悩む時間より、多かったと思います。

他人とのトラブルで生まれた問題は、接点を断つことで、変えることもできますが、一人の時間に生まれた悩みは、どこへ行ってもついてきます。

悩みの種の原木は、自分なのではないかと思うくらいに、孤独から生まれる不安は、尽きることがありませんでした。

ただ、今は、「孤独も悪くない」と思う日が多いです。

人と過ごすのが大好きだし、その時間が楽しいけれど、一人の時間は欠かせないものとなり、手放せなくなりました。若い頃の自分が聞いたら、びっくりすると思います。孤独と寂しさから逃れたくて、毎日、必死でしたから。

でも、今の私から見れば、なんであんなに孤独を嫌い、自分の居場所を、外にだけ求めていたのだろうと、苦笑いしてしまいます。

そんなわけで、この本には、孤独や不安と上手に付き合うための考え方が、全部で六十八個書かれています。前作でも書きましたが、私は何かの専門家や先生ではないので、あまり頭のいいことも、難しいことも言えません。だからこそ、身近な人とちょっと話すくらいの気軽さで、読んでいただけたら嬉しいです。

この本が、孤独や不安を抱える方にとって、少しでもお役に立てる一冊となれますように。

CHAPTER 1
心のモヤモヤ

CHAPTER 2 人間関係のモヤモヤ

CHAPTER 3

仕事のモヤモヤ

CHAPTER
4
世の中のモヤモヤ

CHAPTER 1

心のモヤモヤ

心のモヤモヤ

1 自分はひとりぼっちだと感じる

ずっと一人が怖いと思ってた…
でも…なんでだろう？
一人はよくない寂しいと
はじめに思ったのはいつだっけ…？
心配されることの方が多いからかも…
一人の楽しさや気楽さだって知ってるのに…
理由がわかると…
一人で寂しくない？
今は一人が気楽かも
怖いものは減っていく…

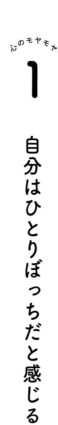

いつの頃からか、私は一人でいるのは、怖くて寂しいことだと思うようになりました。でも、ある日、どうしてそう思うのか、ちゃんと考えてみようと思いました。

寂しいとか、怖いと思うからには、何か原因があるはずです。そして、よくよく考えると、自分が思う以上に「一人で寂しくない？」と聞かれた機会が多いことに気づきました。

人から聞かれ続けると、それが自分の抱えた問題のように感じてしまうことは多いです。そこで改めて、本当に一人が寂しくて怖いのかと考えてみたら、人といる時間と同じくらいに、一人の時間も気楽で楽しいことに気づきました。

たとえば自由に好きなお店を見て回ったり、文字通り一人で考えたい時に、ゆっくりと一人で過ごして考える時間を持てたり。

少なくとも、一人でいるのは寂しいとか怖いだけではありません。

理由もわからず怖いと思うことがあったら、「どうして？」と自分に聞いてみるといいかもしれません。

理由のわからない不安は、自分に「どうして？」と聞いてみる

心のモヤモヤ

2 どこにも居場所がないと感じる

居場所がないと思う時の居場所って…
どこなんだろう？
家族や友達？恋人の隣？
好きなことを認めてもらえる場所？
ないのは居場所じゃなくて…
自分や他人を受け入れる勇気なのかも…
自分も周りも今のままでいいと思えば…
どうしたの？
何でもない～
今いるここが居場所…

「居場所がない」と思う時の居場所って、どこなのでしょう？

私も以前はただ漠然と、「居場所がない」と思い続けていた時期がありました。

でも、今はこう思うのです。居場所って、自分がそこにいるのを許してくれる場所であると同時に、自分自身が他人といることを許せる場所でもあるのではないかって。

だから、自分も他人も受け入れられずにいると、居場所の選択肢を減らしてしまう気がしました。

たとえばパートナーが居場所なら、自分が相手のそばにいたい時だけでなく、相手が自分のそばにいたい時も受け入れないと、一緒にはいられません。

また、自分を認めてくれる場所なら、認めてもらうための努力や、批判に立ち向かう覚悟も必要です。周りからの許しより、まず自分が本心でそこにいたいと思わないと、そこにはいられません。

自分も周りも今のままでいいと受け入れることができれば、居場所を探さなくても、今いるここを居場所にできると思います。

今のままの自分でいいと、受け入れてみる

心のモヤモヤ

3

人といるのに寂しい

昔ほどではありませんが、今もたまに、知らない人が沢山いる場所に一人で行くと、「あ、今、ちょっと寂しいかも？」って思う時があります。

共通の話題がなかったり、既にグループができあがっていたり。自分がそういう中にグイグイと押して入っていけない性格というのもありますが、行く場所によっては、人がいることで孤独を感じてしまうことがありました。

面白いなと思うのが、孤独って、一人でいる時に感じるはずのものなのに、自分に合わない場所に行った後は、沢山の人がいる場所から一人に戻った時の方がホッとするし、寂しいと感じないことが多いんです。ひとりぼっちの部屋に戻って「はぁ〜、さっきは寂しかったな〜」って（笑）。

だから思うのですが、孤独を感じるのは、人がいるかいないかではなく、自分の存在を認められる場所が、あるかないかなのだと思います。一人でも寂しくない時は、「自分はここにいていい」と、不安を感じることなく、安心できる時なんです。

一人でその場所を作れる人は一人でも孤独じゃないし、自分に居心地がいい人間関係を築いている人は、その人達と一緒にいれば孤独を感じないと思います。

孤独という言葉のイメージは、二十二ページの「自分はひとりぼっちだと感じる」でも書きましたが、周りから「一人は寂しい」と言われ続けて、それが定着してしまった部分もあると思います。

だから、孤独だと言われたり感じたりすると、無理に人との関わりを求めたり、外にばかり居場所を探してしまう。そして、自分に合わない場所でも一人でいるよりは…と無理をして、沢山の人に囲まれているのに孤独を感じたり、自分の居場所はどこにもないと感じるようになってしまう。

「外にしかない」という思い込みがなければ、いくらでも自分で自分の居場所を作れるのに…。

世の中には色々な人がいます。人と群れることで疲れてしまう人もいるし、誰かがいないと不安になってしまう人もいる。

前者は無理に外に居場所を探せば余計に孤独を感じてしまうし、後者は人をちゃんと選ばなければ、いつまでも孤独な気持ちは消えません。

だから…、まずは自分一人の時間を見つめ直すのがいいと思います。

自分がどんな時に幸せか、何が好きか、何が必要か…。冷静に、どんな時に安心するか、心が満たされたように感じるか、本当は何を求めているのか？

それを知ることが、孤独な気持ちから離れる近道だと思います。

居場所のヒントは「外」じゃなくて、「自分の中」にある

心のモヤモヤ

4

誰にもわかってもらえないと感じる

つらいな…
フーッ…
誰も私をわかってくれない…
どういう所をわかって欲しいの?
力になれるかも…
……
何がつらいか教えてくれたら一緒に考えられるかも…
愚痴くらい聞けるよ?
いいよ…言うだけ無駄だし…
何がつらいか聞いてる時点で私のことわかってないし
その悩み…正解はあるの?

「誰も私をわかってくれない」。私も、そんな風に考えた時期がありました。

今思うと、一番自分をわかっていないのは自分でした。周りから心配されて、手を差し伸べてもらっても、どうしていいか、わからなかったんです。

相談と言いながら、自分が自分を理解するための、答えそのものを言ってくれる人を、外に求めていた気がします。誰かが提案した一言の中に、自分の中の疑問に気づくためのヒントがあるのではないか？　それを言い当ててハッとさせてくれるのではないか？

でも、答えの出せない問題は人にたずねてはいけないと思いました。こういう問題って、自分が正解を見つけないと納得ができないし、相手にも心配をかけたり不快な気持ちにさせたり、誰にもいいことがないからです。

最近は、人間には答えを出せない問題があってもいいのだと思うようにしています。

すべてを知ってしまえば、人生は楽しくありません。自分の中にもまだ未知の部分があるって、ある意味神秘的で、素敵なことでもあります。

自分がわからないことは、他人にもわからない

心のモヤモヤ

5

自分を好きになれない

自分を好きになれないことが、私にもありました。実際に今もまだ、好きになっている途中かもしれません。

人生って自己肯定感が上げられないと、色々な場面でつらい思いをします。

でも、自分のことが嫌いな人は、自分の価値や存在を認めることが難しいです。

だから、こんな風に考えることにしました。

「自分自身も人生で関わる人間の一人」だと。

今、身近にいる友達と時間をかけて仲良くなったように、自分を好きになるために、もっと時間をかけていいし、突然好きになれなくてもいい。

よほど嫌な相手でなければ、他人の存在や価値を認められるように、自分自身が嫌な生き方をしなければ、いつか自然と好きになれる日が来る。友達にも、ちょっとドジだけど憎めない子や、はじめは苦手だったのに仲良くなれた子がいます。

同じように、自分のことも少しずつ認めていこうと思いました。

自分って、人生の中で出会う、一番身近な他人なのかもしれません。

自分も「人生で出会う人間の一人」だと思ってみる

心のモヤモヤ

6

感情をコントロールできない

気持ちの浮き沈みが激しくて…
反省…
感情をうまくコントロールしたい…
それはやめよう…
嬉しいとか悲しいとかをコントロールし続けると…
喜怒哀楽を素直に外に出せなくなる…
感情をコントロールするより…
……
感情を取り戻す方がむずかしいよ…

何かに対して感情的になったり、気持ちの浮き沈みが激しいと、不安になることもあると思います。

感情には喜怒哀楽がありますが、喜んだり楽しんだりはいいけれど、怒りを抑えられなかったり、ことあるごとに悲しんでしまうようだと、「感情をコントロールできればいいのに…」なんて思うこともあるのではないでしょうか？

私は、理性とかモラルとか、そういったものをもって自分の行動を制御するのはアリだと思います。それは社会を生きる上でも役立つスキルです。でも、感情って、そういうものとはちょっと違うんです。

感情は、物事に対して抱く気持ちそのものです。だから、怒った後で行動を制御するのは良いのですが、その手前の、怒りを感じる気持ちをコントロールしてしまうのは、少し危険だと思いました。

順序立てて言うと、「嫌なことがある」→「怒る」→「理性で対処する」。これはいいと思います。

でも、「嫌なことがある」→「怒らないように感情をコントロールする」は、危ないと思うんです。こういう風に感情を無理に抑え込むのは、お坊さんが悟りを開くための修行でもなければ、一種の洗脳です。

私も昔、「感情をコントロールしてしまえばいい」と思った時期がありました。悲しいことがあっても、悲しいと思わないようにすれば、いつか悲しいという気持ちがなくなるのではないかと。私の経験で言えば、今だから笑って言えますが、あのまま続けていたら心を病んでいたと思います。

何かの度に、自分の中で叫んでいるもう一人の自分を監禁しているような…。「感情を押し殺す」という言葉がありますが、度を過ぎれば、本当に感情を殺してしまうのだと思います。

そして続けるうちに、怒りや悲しみだけ抑えられればよかったのに、楽しい時や嬉しい時に、どう喜べばいいいか、わからなくなってしまいました。

結局…、そんな日が続いたあとで、身近な人に不幸がありました。どんなに抑えても泣きたくて、ダメだと命令しても涙が溢れて止まらなくて…。

でも、その時に、それは止めてはいけない気持ちなのだと気づきました。

つらい時は、悲しむべきなのだと、旅立つ人が心を引き戻してくれたのかもしれません。

喜怒哀楽は、失えば、人としての何かが欠けてしまいます。

怒ったり悲しんだりする日もあるから、喜んだり楽しんだりするのが、幸せなことだとわかります。

感情はコントロールするより取り戻す方が難しいです。簡単に操ってはいけないものだと思います。

感情は、コントロールしなくてもいい

心のモヤモヤ

7

自分にないものを持つ人がうらやましい

家族やパートナー、子供がいる人など、今の自分にはいない相手がいる人を見ると、「私にもそんな人達がいれば…」と、思うこともあると思います。

ないものねだりはよくないと言いますが、私は、そういう気持ちは、多かれ少なかれあった方がいいと思うんです。だって、共に過ごしたい人のイメージが欠片《かけら》もなければ、いざ、そういう人と出会っても見逃してしまうし、自分を不幸にするタイプの人を選んでしまうかもしれません。

イメージって、ぼんやりしているとそのまま、手にするものや付き合う人もぼんやりとしたものになっていきます。人間関係って何も考えずにすべてが順調に最適な形で整うことは、まず、ありません。

身近な人の幸せな姿は、「幸せのお手本」の一つでもあります。嫉妬してしまうこともあると思います。でも、嫉妬するほど素敵な見本だとも言えます。

だから、「ないものねだり」は「幸せになるための参考書を一つ見つけた」と思って、素直に受け入れて、自分の幸せのために、活かしていけば良いと思います。

「幸せになるための参考書を見つけた」と思ってみる

心のモヤモヤ

8

人から愛されたい

人から愛されたい、優しくされたいと思うなら、まずは自分が人に愛情を持って接したり、優しくするのがいいと思います。

もし、何をしていいかわからない時は、自分が好きな人達をお手本にしてください。自分が好きになる人は、自分が欲しい形の愛をくれた人だから、心が惹かれたのだと思います。言うなれば、自分だけの「愛し方の教科書」のような人です。

「愛」や「優しさ」をどう表現するかは人それぞれです。良かれと思ってしたことも、相手によっては仇《あだ》となることがあります。万人に通用する愛の教科書はないし、万人から愛されることも難しいです。だから、自分に合った人を探すなら、自分が人にされて嬉しいことをすれば、自然とそういう人達が自分の周りに集まります。

「あの時、フワッと温かく感じた」「優しい気持ちになれた」

似たような状況の時に、自分も同じようにしてみてください。誰かを少し幸せにできます。自分に合った愛し方なら、見返りを期待せず自然にできるはずです。

まずは、自分が人にされて嬉しかったことをしてみる

心のモヤモヤ

9

予定が埋まっていないと不安

以前は予定が空いていると不安だった…
しゅん…
誰にも必要とされていないようで…
でも…いざ予定がぎっしり埋まると…
自由な時間が欲しい…!!
予定がないのは足りないんじゃなくて…
何にでも使える時間を沢山持っていたんだな…
予定が埋まっていない時は…
明日ヒマ?
うん!
サプライズな予定も入れられる

予定がガラ空きの時って、つい「自分は友達が少ないのかな?」「誰にも必要とされてないのかな?」なんて、余計なことを考えます。

でも、それで無理やり予定を埋めてしまうと、後から入れたい予定ができても入れられなかったり、予定に追われて疲れてしまいます。

私も以前は予定がぎっしり埋まっていないと不安でしたが、いざ予定が埋まると、「自由な時間が欲しい…」と切実に思うようになりました。

だから、予定がない時は、無理に埋めないことにしました。予定が空いているのは、何かが足りないのではなくて、むしろ、沢山の時間を持っているということです。

自由に好きに使える時間が沢山あれば、やりたいことが何でもできるし、サプライズな予定を入れたり、チャンスに飛びつくこともできます。

時間は足りなくなってはじめて価値がわかります。どんなにお金を積んでも時間だけは買えないのですから、「予定が埋まっていない時」は「時間を沢山持っている時」だと思って、自分に必要なことに使うのがいいと思います。

「時間を沢山持っている時」と思ってみる

心のモヤモヤ

10

ネガティブ思考がやめられない

私って ネガティブ だよね…
うう…
いつも 悪い方に 考えちゃう…
ネガティブな 人類の末裔《まつえい》だし 仕方ないよ
ええええ……
悪いことや リスクを考えて きたから
グルルル
強そう だね
逃げ ようぜ
生き延びて きたんだもの
生き残るための 力が強いって
いいことだと 思うよ

何かに対して感情的になったり、気持ちの浮き沈みが激しいと、不安になることもあると思います。すべてを悪い方に考えてしまう時は、自分は生きる力が強いのだと思ってみてください。なぜなら、生き物ってネガティブな気持ちが強い方が警戒心を持って行動するし、危ないこともしないし、結果、生き残る確率が高いんです。

物事にチャレンジするにしても、リスクも考えられるのと、無謀に飛び込むのとでは結果が違います。「悪い方に考える人」は、言い換えれば「リスクを考えられる慎重な人」なんです。

ポジティブって実際はいいことばかりではありません。ポジティブすぎて反省する機会を失ってしまう人もいるし、それで自己中心的になったり、過信して大きな失敗をする人もいます。その上で、ネガティブでもポジティブでも人生は一度きり。命はゲームのように無限じゃありません。大事に守りながら前に進まなきゃいけません。

マンガに出てくるような強運な人や超人でもなければ、ポジティブ全開で生き抜くのは難しいです。悪い方に考えるのも、生きるのに必要な要素の一つです。

ネガティブも、生きるために必要な力

心のモヤモヤ

11

孤独や寂しさを感じる

外出自粛でテレワークになってから
こういうの平気な方だと思っていたのに…
一人でいるのが寂しくてしかたなくて…
ちゃんとパートナーを探しておけばよかったよ
アハハハ
オンライン飲み会でもしよっかな
本当の一人になることって滅多にないもんね
今…会いたい人や必要に思う人って…
本当は普段から必要な人だったんじゃないかな?
そういう人って代わりが周りに沢山いるときは見えにくいんだ…
それがわかるなら…孤独な時間も悪いことばかりじゃないよ

孤独や寂しさを感じるのは、悪いことばかりではありません。

新型コロナウイルスの外出自粛が始まった頃に、「一人は寂しい」「結婚しておけばよかった」「家族に会いたい」そんな言葉をよく聞きました。

一人でも大丈夫な人には二通りあって、一つは本当に一人が大丈夫な人、もう一つは、知らないうちに別の誰かで一人の寂しさを紛らわせている人です。後者の人は、本当の一人になってはじめて寂しさに気づきます。

日常の中で、家に引きこもるなどの選択をしない限りは、本当の孤独になることは滅多にありません。友達や仕事仲間、なじみの店員さん、どこかで孤独を紛らわす時間を少しずつもらっています。

だから、何かの機会でそれらを失った時に「寂しさ」に気づきます。その気持ちを、悲観したり強がったりせずに、受け入れて欲しいです。そういう時にしか気づけないことが沢山あります。

一人では足りない何かに気づくことで変えられる未来は沢山あります。

一人だからこそ、本当に大切な人がわかる

心のモヤモヤ

12

人に嫉妬してしまう

嫉妬は良くないことだと言いますが、本当にそうでしょうか？　もちろん、怨念のような嫉妬は怖いけれど、私は少しは嫉妬もあっていいと思うんです。

一切誰にも嫉妬することなく、強い信念を持って生きられるなら、それが一番だと思います。でもなかなかそこまで達観した人は少ないです。

人が何かを始めると、やはりライバルになる人や憧れの人が出てきます。「私もあなりたい」「あの人に勝ちたい」と、小さな嫉妬心を抱いてしまったことはありませんか？

相手に嫉妬するのは、同じ目標があったり、嫉妬するほどの強い情熱を抱いている時です。そういう気持ちはハングリー精神にもつながるし、あって悪いものばかりではありません。

だから、表立って嫉妬して、人を不快にしてしまうのは良くないけれど、人知れずこっそり嫉妬するのはどうでしょう？　誰にも迷惑はかけないし、ちょっと闘志に火をつけるための着火剤としての嫉妬なら、多少はアリだと思います。

自分が前進するために、こっそり嫉妬してみる

心のモヤモヤ

13

悪いジンクスにとらわれてしまう

あー…雨か…
出がけに雨が降ると大抵いいことないんだよね
今日の仕事失敗かも…
ジンクスに力を与えるのは…
自分自身だよ
いいことがあった日の天気を覚えてる?
あまり覚えてない…

不運や縁起の悪い迷信は、生活習慣や教訓の中に沢山潜んでいます。

それらのジンクスに科学的根拠はないけれど、それでも悪い迷信を信じたり、自分の中で悪いジンクスを作り、それに振り回されたりしてしまう人は、結構多いのではないでしょうか？　でも、日常生活の中で一番沢山繰り返されてきたのは、幸でも不幸でもない普通の日です。

たとえば天気に悪いジンクスを当てはめる人もいますが、天気は基本、「晴れか雨か曇り」の三択です。確率的に何にでも当てはめられる日が多すぎる気がします。

また、有名な十三日の金曜日のジンクスですが、一年でその日が来るのは最低一回、多くて三回。誰かが話題にでもしなければ、気づかないうちに過ぎていることもあります。でも、気づけば不幸を意識して、不幸探しをしてしまいます。

ジンクスに力を与えるのは、自分です。ジンクスを信じるくらいなら、縁起でも担いだ方がいいです。

どちらも科学的根拠はないけれど、何を信じるかは、自分の自由ですから。

ジンクスにどんな意味を持たせるかは、自分次第

心のモヤモヤ

14

自分はついてないと思う

はぁ～…
ついてない
なんで毎日
うまく
いかないのか…
毎日アイスで
当たりが出たら
嬉しい？
嬉しいけど
裏がありそうで
少し怖いな…
当たりはさ
たまにしか
出ないから
当たりなんだよ
うまくいった
日を素直に
喜ぶために…
なるほど…
ハズレの日も
必要なんじゃ
ないかな

時々、ついてないなぁと思う時があります。でもそれって、普段はそれなりにうまくいっていたということでもあります。

普通の日があるから、特別な日があることに気づくことができます。比べるものがなければ、それより上も下もありません。当たりやハズレはたまにあるからいいのだと思います。ずっとハズレが続いていたら、明らかにおかしいと感じて原因を考えます。たとえば、私はこの本を書いていた頃、立て続けに怪我ばかりしていました。ついてない…と思うと同時に、疲れがたまっているのかも？　と原因を考え、少し身体を労わろうと思いました。

当たりはあればあるほどいいような気もしますが、いいことって続きすぎると少し怖いものです。だから、運がいい時ほど、天狗になったり感謝を忘れたりしていないか、襟を正して見直すことが大事だと感じました。

日常の中で気持ちのメンテナンスができると思うと、当たりもハズレも、適度にあるのがちょうどいいのだと思います。

ついてない時があるから、いい時を喜べる

心のモヤモヤ

15

欲しいものが手に入らない

欲しいものが手に入らないと悲しいけれど、いざ手に入ると、拍子抜けしてしまうことってありませんか？　私は結構あります。

手に入れるまでの苦労や期待が大きすぎて、手に入れた時に「こんなものか…」って少しがっくりしたり。

ものに限らず夢や目標もそんな感じで、ゴールにたどり着くまでが苦しくも楽しくて、到着すると嬉しいけれど、次の目標を見つけるまで、しばらくボーっとしてしまう。

よく思うのですが、人って何かに向かって頑張っている時が一番楽しいのだと思います。

そういう時は夢も期待も膨らんで、それこそ自分の想像力の幅いっぱいまで広げてしまうから、目標のものを手に入れた時、現実も一緒に手に入れて、ワクワク広がっていたものがシューっとしぼんでしまう。

人生って欲しいものすべてを手に入れたら、もう楽しみがありません。

常に少し何か足りないくらいの方が、毎日が楽しいような気がします。

少し足りないからこそ、楽しめることもある

心のモヤモヤ

16

理由もなく落ち込んでしまう

何の理由もないのに落ち込む…
大丈夫？
理由もなく落ち込むと…
病気なんじゃないかと不安で…
楽しい時は…
理由がなくても笑うでしょう？
特別な理由がなくても感情は動くよ
なんでドキドキするんだろう
恋に落ちるのに理由がいらないようにね

何の理由もなく落ち込んで不安な時は、こう考えてみてください。
人は理由もなく落ち込むこともあるけれど、楽しい時にも理由もなく笑います。
誰にもピンとこないお笑いのネタに、一人だけ妙にツボに入って笑ってしまったことはありませんか？　自分でも、どこがおかしいのかわからないのに笑いが止まらなかったり。

感情って特別な理由がなくても動くんです。一目見て恋に落ちたり、綺麗な景色を見て人生観が変わってしまったり。そう思った具体的な理由は？　と聞かれても、それは言葉や理屈じゃ説明できないと思います。ただ、心が動いたとしか言いようがありません。だから、落ち込む時も同じで、突然そういう気持ちが訪れることはあります。

楽しいこと以外だと、「何か悪いことなのでは…？」と、病気を心配したり、必要以上に深刻に考えてしまうこともあるかもしれません。

でも、落ち込む理由や心当たりがないなら、「そういう時もあるよね」と、気楽に考えた方がいいと思います。

特別な理由がなくても、感情は動くもの

心のモヤモヤ

17

諦めきれないことがある

諦めなきゃ…でも…
まだ気持ちが追いつかない…
諦めようよ
それができれば…
そうじゃなくて…
すぐに諦めるのは無理だから…
今すぐ諦めるのを諦めよう
人に迷惑かけたりはダメだけど…
大抵のことは諦めない方が後悔が少ないよ

何かを諦めるって、とてもつらいことです。人に迷惑さえかけないなら、私は自然と納得がいく時が来るまで、諦めない方がいいと思います。

諦めきれないことを無理に諦めると、それはいつか後悔に変わります。

私も就職を機にマンガを描くのを諦めたことがありましたが、何かの度に心のどこかに引っかかり、結局、会社を辞めてフリーランスになって、二十年以上も経ってから、再び描き始めました。今でも、あの時に諦めなければ…と、少し悔しい気持ちです。ずっと続けていれば、きっと今より絵もうまかったでしょうし（苦笑）。

だから思うのですが、やはり納得できずに無理に諦めたことは、十年二十年経っても、そうそう諦めがつきません。

諦めるなら、やりたいことを諦めるより、諦めることを諦めた方がいいと思います。

過ぎた時間は戻ってきません。一度しかない人生、後悔は一つでも少ない方がいいです。

自然と納得がいくまでは、「諦めること」を諦めてみる

心のモヤモヤ

18

過去の思い出が忘れられない

思い出は、自分が覚えている限り必要なもの

過去のことは忘れて今を生きるって、とてもポジティブに聞こえますが、私は、良い思い出も悪い思い出も「今」の一部で、生きるのに必要なものだと思っています。たとえば、今、どん底にいる人に幸せな過去があるなら、人生の中で幸せに過ごしたその時間を思い出すことで、今を生きるための救いになることもあります。

過去に逃げるのは良くないとも言いますが、逃げ場を失うより、心の拠り所が一つでもあるなら、その瞬間を生き延びるためには必要なんです。

「もう二度と思い出したくない…」、そういう場合を除けば、思い出は宝物で財産です。「過去の栄光にとらわれて…」「過去を引きずって…」、そんな言葉も聞きますが、残念ながら記憶は都合よくポンポン消せません。それなら、消せないうちは今のために役立てた方がいいと思います。

人間が年単位で覚えている長期記憶って、必要だから残っているものが多いそうです。だから思い出が心にあるうちは、今の自分にまだ必要なのだと思います。

心のモヤモヤ

19

悪い習慣がやめられない

ピコピコ ピコピコ
ガッ
ガッ
ムシャラ…
ストレス発散で暴食やネットがやめられなくなって…
うう…
軽い中毒症状だね
なんで体に悪いものにしかはまらないの？
え？
筋トレとか健康的な中毒に切り替えれば？
筋肉作りもはまるらしいよ？
違いねぇ…

ストレスの発散方法は沢山あります。でも、暴飲暴食をしたり、ネットやゲームがやめられなかったり、中毒のようになってしまうなら、それはもう発散ではなく別の新たな問題です。

でも、思うんです。ストレスの発散方法に、何で別のストレスにつながりそうなものを選んでしまうのかなって。おそらく、選んでいる段階から、ストレスのせいで判断力が鈍っていて、慣れや習慣で、無意識にストレスの溜まるものを選んでしまっているのだと思います。

なので、いっそのこと「筋トレ」とか「ウォーキング」とか、結果として健康につながるものだけを、ストレス発散の方法にするのはどうでしょう？

「え～運動？」と思うかもしれませんが、はじめにストレスを感じるか、後々ストレスになるかくらいの違いです。何かの合間にネットやゲーム、暴飲暴食では、ぜい肉がつくだけですが、運動なら筋肉がつきます。

ストレスを発散するのが一番の目的なら、健康な方を選んでもいいと思います。

体を動かすのが、一番のストレス発散

心のモヤモヤ

20

人生が順調そうな人を見て焦ってしまう

周りの人が順調な人生を歩んでいるように見えて…
うらやましいし正直…焦ってる…
ラッキーじゃん
え？
周りの人が見て心配になるような人生を歩んでいたら…
借金が…
気になるし巻き込まれることもある…
うらやましいほど順調ならむしろ助けてくれるかも
めっちゃラッキーな環境だよ

身近な人達が順調な人生を歩んでいると、つい自分と比べてしまって、漠然と不安になったり、うらやましく感じたり、気持ちが焦ってしまうこともあると思います。

でも、身近な人が順調って、実はとてもラッキーなことなんです。

だって、いざ頑張ろうと前に進みたい時に、もし、身近な人達が不安定な人生を歩んでいたら、思うように身動きが取れません。

親しい人をドライに見捨てられる人はそうそういないと思います。だから、相手を助けることに精一杯で、自分のことが後回しになることもあるし、時にはトラブルに巻き込まれて、悪い方へと引っ張られてしまうこともあります。

そう思うと、身近な人達がうまくいっているって本当に運がいいし、周りに遠慮したり、心配することなく、自分のために思いっきり自由に動ける時なんです。

周りが順調な時は、焦るより、「やりたいことをやるなら、今がチャンスだな」くらいに考えて、自分のことを頑張るのがいいと思います。

周りが順調な時こそ、自分も頑張れるチャンス

心のモヤモヤ

21

自分の年齢を気にしてしまう

世間の価値観や年齢で、何かを決められたことはありませんか？「○歳までには××すべき」とか、「その歳で○○すべきじゃない」とか。

私はそういうのは、気にしなくてもいいと思います。たとえば、自分のことを言ってしまうと、私が本当に好きなことをやるために、会社を辞めたのが三十代の後半、それが仕事になったのは、四十歳を過ぎてからです。当時は結構心配されました。

以前、八十五歳で大学に入学し、九十六歳で卒業した人のニュースを見たことがあります。きっと、年齢で諦める常識で生きてきた人には、信じられないことだと思います。でも、そんな風に、世間の価値観や年齢に縛られずに、人生を謳歌している人もいるんです。

年齢でとやかく言う人は、自分がそういう価値観で生きてきただけです。

人は人、自分は自分、無理に合わせる必要はありません。狭い価値観にとらわれたら、それ以上の価値には出会えません。

自分の人生をどう生きるか？　選ぶのも、その人生を生きるのも、自分です。

何歳で何をしても、その人生を生きるのは自分

CHAPTER 2

人間関係のモヤモヤ

人間関係のモヤモヤ

22

人の機嫌が悪いのは自分のせいだと思ってしまう

誰かが怒っていると自分のせいだと思ってしまう。これって自信がないようで、実は結構、自信過剰なのかもしれません。

親しい友達や身近な人が怒っていて、心当たりがあるなら別ですが、特に親しくもない人に対してもそう思うなら、こう考えてみてください。

他人の人生の主人公は他人で、その人にとって、自分はただの脇役です。

身の回りで起こることに対して、常に自分に原因が…？　…と思うのは、言い方を変えれば、「自分が見ている世界は、すべて自分を中心に動いている」というくらい、ありえないことです。稀に全然知らない他人のトラブルに巻き込まれることもありますが、それは事故と同じで、そうポンポンと起こるものじゃありません。

自分が脇役のような人間という意味ではなく、有名な人だって、興味がない人から見れば「名前を聞いたことがある」くらいのものです。

心当たりがない問題まで気にすることはありません。脇役は脇役らしく、通り過ぎましょう。

他人の人生にとって、自分はただの脇役

人間関係のモヤモヤ

23

人の気持ちを優先してしまう

相手が落ち込んだり疲れたりしていると…
自分より相手の気持ちを優先しちゃって…
つい…気を使ってしまうんだ…
相手は選んだ方がいいと思うよ
人は自分を優先されれば嬉しくなる…
気を使った数だけあなたは慕われる
でもね…それはあなたが背負う数でもあるし…
背負った数だけ助けてもらえるわけじゃないんだ

人の気持ちを優先してしまう人は、とても優しい人なのだと思います。

でも、それではいつか疲れてしまうので、時には相手を選んだり、自分を優先したりすることも大事だと思います。

人って誰かに優しくしてもらうと、嬉しくなります。「この人は自分を優先してくれる」とわかれば、頻繁に頼りにくるようになります。

それは別に、相手があなたに依存しているとか利用しているとかではなく、沢山の人間関係の中で、あなたがその人の「特別な一人」になったからです。だから誰にでもそれをやってしまうと、沢山の人から「特別な一人」として頼られるようになります。

人から慕われる数って、悪い言い方をすると、自分が背負う人の数でもあるんです。そして、背負った数だけ助けてはもらえないし、背負いすぎて倒れてしまえば、沢山の人を傷つけてしまいます。

だから、冷たいと言われるかもしれませんが、相手を優先するなら、背負える数までです。自分のためにも相手のためにも。

「自分が優先した数」は、「自分を助けてくれる数」ではない

人間関係のモヤモヤ

24

自分といて楽しいか気にしてしまう

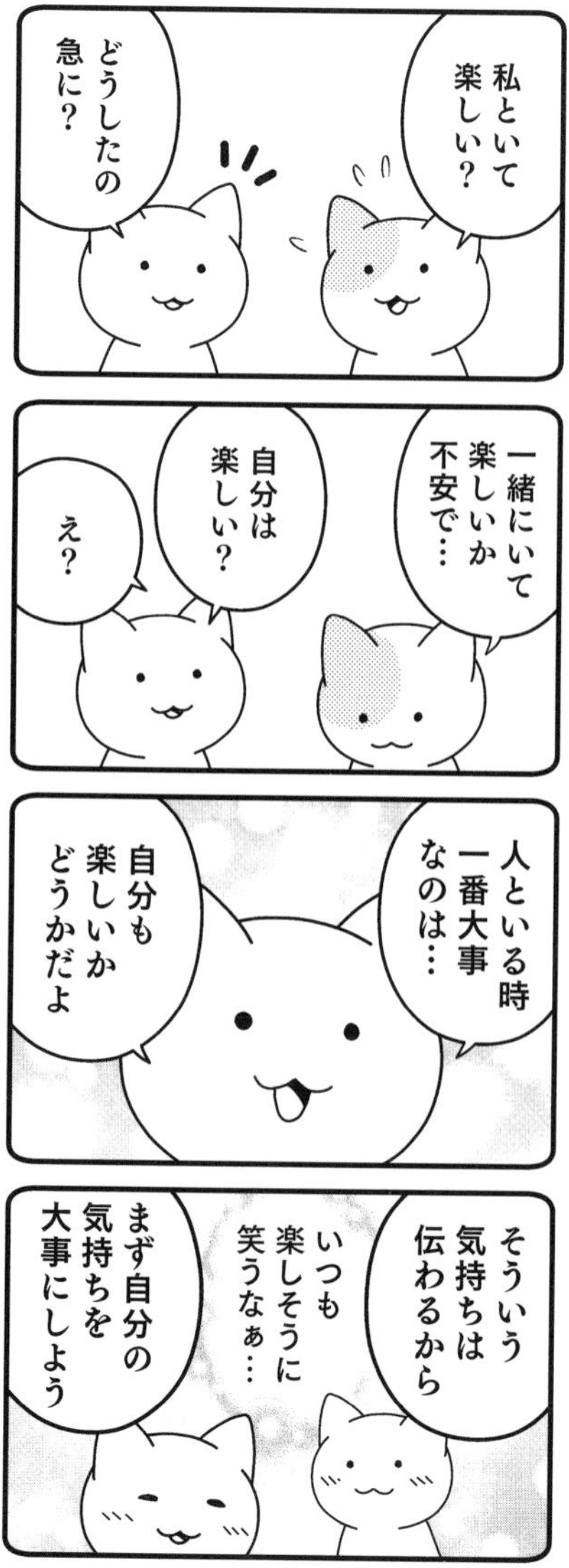

誰かと一緒にいる時に、ふと、「この人は私と一緒にいて、楽しいのかな？」と思うことがあります。大抵は自分に自信がなく、目の前の相手に対する気遣いからですが、こういう時は、自分もあまり楽しめていないことが多いです。

本当に楽しい時って相手が楽しんでいることが雰囲気でわかるというか、あまり「今、楽しいかな？」と考える間もなく時間が過ぎていきます。その時間の過ぎ方にぎこちなさを感じた時、余計なことを考えます。

「一緒にいて楽しいのかな？」って。

疑問を抱きながらそばにいる時は、自分もあまり楽しめていないんです。そして、その気持ちは相手にも伝わります。

だからこそ思うのですが、一番大事なのは、まず「自分も楽しいか」です。

「自分だけ楽しければいいのか？」と気が引けるかもしれませんが、楽しくないのに一緒にいたら、今度は相手が自分に対して同じ疑問を抱きます。

だからまずは、自分の気持ちを大事にしてください。

「相手が楽しいか」より、まずは「自分が楽しいか」

人間関係のモヤモヤ

25

人からどう思われているか気になる

人にどう思われているか…
すごく気になって…
気にするだけ損だよ
映画の感想みたいなものだから
今、周りに見えているのは
自分の人生のフィルムのほんの一部だけ…
切り取ったシーンの感想なんて
人生まだ続くしね
あてにならないものだよ

自分が人にどう思われているか、気になることもありますが、正直、長く一緒に連れ添う人でもなければ、気にするだけ損だと思います。

だって、他人から見た自分の評価って、関わったわずかな時間で得た情報だけで構成されていて、言うなれば、ワンシーンを切り取った、個人的な映画の感想みたいなものだからです。

映画を一本作るとして、お客さんが見るのは集約された数時間です。でも、実際は描ききれなかった様々な設定があるし、沢山のシーンが削られています。その上で、映画を見た人が「この映画は最高」と評価したとしても、それは、その人の感想でしかないんです。

他人が自分をどう思っているかも、その程度のものです。

もし「あなたの悪口を聞いた」と誰かに悪い評価を聞いても、それは、誰のことでも悪く言う人の言葉かもしれないし、伝えた人が悪口と判断しただけかもしれない。

人からどう思われているかは、あまり気にしすぎない方がいいです。

一部しか知らない人からの評価は、あてにならない

人間関係のモヤモヤ

26

人にお願いするのが苦手

あのさー…… あなたに…… その……
いや…… やっぱり いいや……
人に何かを 頼るのが苦手?
うん……
お願い するのが 苦手なら……
交換すると 思うのは どう?
ちゃんと 同じくらいの 恩を返せる なら……
これを頼む 代わりに 何かやれる ことない?
ギブ&テイク だし… 相手も頼り やすくなるよ

人に何かを頼るのが苦手な人って、結構沢山います。私もそうです。迷惑じゃないかな？　とか、あまり借りを増やしたくないな…と、気が引けてしまうことがあります。

でも、生きていると、人に頼らないとうまく回らないこともあります。

だから、その苦手を克服するために、考え方を少し変えることにしました。

「お願い」だと、神社でお願いする…ではないけれど、一方的に与えてもらうイメージが強いので、「交換」にしようと思いました。

いつ、どの機会で、それを返せるかわからないけれど、せめて、助けてもらった時と同じくらいの恩を返せるようになろうと思いました。相手も安心して自分に頼れるように、暮らしを整えたり、できることを増やしたり。

ギブ&テイクというと、ちょっと情が薄いように感じるかもしれませんが、人に頼るって勇気がいるし、相手もまた、一方的に与えたりもらったりするより、交換くらいの気持ちの方が、こちらに頼りやすいと思います。

「お願いする」じゃなくて「交換する」と思ってみる

人間関係のモヤモヤ

27

人からの誘いを断れない

オンライン飲み会とか…
うぇーい
気の進まないお誘いが多すぎる…
断ればいいじゃん
断りにくいんだよ…
断る方に勇気がいるもんなら
誘う方にも勇気がいるもんだよ
何度かちゃんとした理由で断ると…
家でもやることがあるんだ…
沢山は誘いにくくなるよ

この本を書いていた頃、世界では、新型コロナウイルスの影響で、新しい生活様式や仕事の仕方が求められるようになりました。通勤を減らしてテレワークにしたり、人が集まる場所を避けるためにオンライン飲み会が流行ったり。

それによって、今までなら家に帰ることを理由に断れていた様々なお誘いを、断りにくくなった人も多いようです。

ぶっちゃけて言うと、どうしても気が進まない時は、断りにくくても、何度かバシッと断るのが、解決策として一番早いと思います。

人って誘うのも断るのも勇気がいるけど、一番勇気がいるのが、断られてからまた誘う時です。恋の告白で、一度振られると、変わらず友達でいようと言われても、なんとなく話しかけにくくなるのと一緒です。何度かちゃんとした理由で断ると、相手はだんだんお誘いがしにくくなります。

面と向かって断るのが苦手だった人も、オンラインなら練習にはもってこいです。

それに断っても、よほどのことではない限り相手も困りません。

断っても、相手が困ることは意外に少ない

人間関係のモヤモヤ

28 人に自分の意見を言えない

意見を言いたいけど…
周りの反応が気になって…
試食みたいなものだと思えば？
試食？
試食ってその場で買ってもらえなくても
どうぞ～
新商品？
商品を知ってもらうことに意味がある
反応の良し悪しも大事だけど
意見を知ってもらうことに意味があると思うよ

周りの反応が気になって意見が言えない時は、試食みたいなものだと思うのはどうでしょう？

試食はその場で買ってもらえなくても、商品を知ってもらうことに意味があります。それ以外に、衝動買いをさせるという目的もあるそうです。何かをちょっと食べるとお腹が空きます。それにより、試食した商品を買わなくても他の食品を買ったりして、お店全体の売り上げが上がる効果があるそうです。

私は、意見もそうだと思います。まずは意見を持っていることを知ってもらうことが大事です。沢山の意見を言うことで、一番伝えたい意見が仮にその場で通らなくても、「この人は沢山のアイディアを持っているな」と、興味を引いて他の意見が採用されたり、プラスの要素につながったりすることもあります。

周りの反応は気になるかもしれませんが、万人が納得する意見を言える人はそうそういません。だから、「ちょっと一口どうですか？」くらいの気軽さで、伝えてみるのがいいと思います。

どんな意見でも、知ってもらうことに意味がある

人間関係のモヤモヤ

29

人に執着してしまう

人に執着するると…
手に入れたくて苦しくて…
今まで手に入れたと思ってきた人達も…
借りてさえいないと思うよ
結婚しても別れてしまうこともある…
友達だって契約を交わしてそばにいるわけじゃない…
お互いが一緒にいたいからいるだけ…
手に入ると思うと苦しいよ

「あの人を手に入れたい…」、そんな言葉を聞くことがあります。

でも、人って、本当の意味では手に入れることはできません。

過激なたとえをしますが、何でも言うことを聞く奴隷を手に入れたとしても、きっと心までは手に入れることはできないし、それを手に入れたと周りに豪語しても、そこには虚しさしか残りません。

日常でいえば、親子でも夫婦でも恋人同士でも、離れようと思えば離れることはできます。「所有した」と思い込むことはできても、実際は手の中は空っぽです。今まで手に入れたと思っていた人も、実際は借りることさえできていないと思います。

人と人が共に人生を歩むのは、お互いを手に入れたからではなく、ただ、一緒にいたいからです。人との縁を「赤い糸で結ばれて…」と言いますが、本当に…、つながりは糸のように細く脆《もろ》いものです。

それでもその糸が途切れないのは、「一緒にいたい」という気持ちを、お互いが心から大事にしているからだと思います。

人が「自分のもの」になることはない

人間関係のモヤモヤ

30

初対面の人が怖い

初対面の人に会うのがストレスになる人って、結構多いと思います。

人見知りというか、確かにはじめて会う人は得体が知れないし、怖いと感じるのも仕方がありません。

でも、生まれてから今日に至るまで、出会った人すべて、はじめはみんな初対面です。生まれた日に出会った家族も、友達も、恋人も、学友も、仕事の仲間も、必ずはじめての出会いを経験してきたはずです。「気づいたらそばにいたんだよね」と思う人でさえ、どこかではじめは出会っています。

だから、もし、今、その人達のことが怖くないなら、これからの出会いも大丈夫です。今まで出会った人の数が、「はじめまして」を乗り越えてきた数です。

そう思うと、大抵の人は「はじめまして」のプロです。

たとえば中学校でクラスメイトが三十人いて、自分のクラス以外の人と三年間一度も話さなくても、九十人とそれぞれの教科の担任の先生で、合わせて百人くらいの人と出会っています。少し自信が出てきませんか？

今まで出会った人も、みんなはじめは初対面

人間関係のモヤモヤ

31

人に依存してしまう

人に依存しすぎると、失うことが怖くなります。でも、誰かに寄りかかれば、その人が倒れた時に、自分も一緒に倒れてしまいます。

正直な話、人生で最後の日まで一緒に立っていられる人がいるとしたら、それは自分だけです。友達に依存しても、四六時中一緒にいられるということはありませんし、恋人や結婚相手に依存しても、何かがあって離れてしまえば、突然、拠り所を失います。

依存した経験があればわかると思うのですが、人は脆《もろ》いです。

どんなに余裕があるように見えても、多くの人は自分を守るのに精一杯で、頼れるものなら誰かに頼りたいし、甘えられるなら甘えたい。誰かに守って欲しい。自分と同じように弱さを持った一人の人間です。

どんなに強そうな人でも、「この人なら寄りかかっても大丈夫」ということはありません。人一人を支えるには、人生の一部を削って捧げるくらいの覚悟が必要です。人を救うって、そんなに簡単なことじゃないんです。中途半端な偽善で助けて途中で手を離せば、依存した人を、より深く傷つけてしまいます。

もし、自分は人に依存しすぎだと真剣に思うのなら、少し怖いかもしれませんが、病院に行くのもアリだと思います。

人に対する極度の依存は、依存性パーソナリティ障害という病名があります。「うつは甘え」みたいな根性論のような考えで、無理をしてしまうと、依存も悪化してしまうことがあるそうです。

うつといえば…、最近、うつ病はウイルスが原因かもしれないというニュースを見ました。ずっと原因不明の病気でしたが、条件により誰でもかかる可能性があるそうです。心の強さ弱さに関係ない、ウイルス性の病気なら、以前より病院にも行きやすくなりますよね。

だから、もし依存が悪化してしまっても、「病気なら治る」と思えば逆に安心できませんか？

少し人に依存しやすいくらいなら、自分でも直せるところはあると思います。依存って、孤独に対して不安がある人がなりやすいそうです。

だから、たとえば一人でカフェに入ってみたり、普段は難しい一人のチャレンジを増やして、少しずつ一人でも大丈夫なことをこなして、それを自信につなげて、自分の中の、孤独に対するイメージを変えてみてください。

依存する自分を責めるのではなく、ほめたり、大切にしたりするのも大事です。

依存を克服するための方法は調べると沢山出てくるので、無理のない方法から試してみるのがいいと思います。

最後まで一緒にいられるのは、自分自身だけ

人間関係のモヤモヤ

32

人が思い通りに動いてくれない

人の気持ちを…
キャー
ニャハハハ
思うように動かせたらいいのに…
モテたい…
怖いこと言うね？
そうかな？誰だってそう思わない？
もし自分が誰かに操られたら…
そんなこと言いたくないのに…
それは…怖くない？
シゴトスキ
ヤスミイラナイ
人の気持ちを思い通りにしたいって…
そういうことだよ

『続　多分そいつ、今ごろパフェとか食ってるよ。　孤独も悪くない編』
読者アンケート

本書をお買上げいただき、まことにありがとうございます。
読者サービスならびに出版活動の改善に役立てたいと考えておりますので
ぜひアンケートにご協力をお願い申し上げます。

■本書はいかがでしたか？　該当するものに○をつけてください。

最悪	悪い	普通	良い	最高
★	★★	★★★	★★★★	★★★★★

■本書を読んだ感想をお書きください。

※お寄せいただいた評価・感想の全部、または一部を（お名前を伏せた上で）
弊社HP、広告、販促ポスターなどで使用させていただく場合がございます。
あらかじめご了承ください。

▼ こちらからも本書の感想を投稿できます。▶

https://www.sanctuarybooks.jp/review/

弊社HPにレビューを掲載させていただいた方全員にAmazonギフト券（1000円分）をさしあげます。

切手を
お貼り下さい

113-0023

東京都文京区向丘2-14-9

サンクチュアリ出版

『続　多分そいつ、今ごろパフェとか食ってるよ。
孤独も悪くない編』
読者アンケート係

ご住所　〒□□□-□□□□	
TEL※	
メールアドレス※	
お名前	男・女 （　　歳）
ご職業 1 会社員　2 専業主婦　3 パート・アルバイト　4 自営業　5 会社経営　6 学生　7 その他	
ご記入いただいたメールアドレスには弊社より新刊のお知らせやイベント情報などを送らせていただきます。 希望されない方は、こちらにチェックマークを入れてください。	メルマガ不要 □

ご記入いただいた個人情報は、読者プレゼントの発送およびメルマガ配信のみに使用し、その目的以外に使用することはありません。

※プレゼント発送の際に必要になりますので、必ず電話番号およびメールアドレス、両方の記載をお願いします。

弊社HPにレビューを掲載させていただいた方全員にAmazonギフト券（1000円分）をさしあげます。

「もしも人の気持ちを思うように動かせたら…」、これってよくありそうで、実はすごく怖い考え方だと思います。

確かに、「人生が思うように回ればいいのに…」という都合のいい願望は、誰もが一度は抱くかもしれません。でも、そのために人の気持ちを変えるのはちょっと待ったです。仮に、逆の立場だったらどうでしょう？

操り人形のように、好きでもない人に「好きだ」と言わされたり、会社の仕事がつらいのに「仕事が大好き」と言わされたら…。すごく嫌じゃありませんか？ 人の気持ちを思い通りにしたいって、そういうことです。

もし、それでも人の気持ちを動かしたいなら、試しに、誰かに「私にやってほしいことはない？」と聞いて、それがあまりやりたくないことでも、やってみてください。かなりつらいと思います。でも、その相手には好かれると思います。

大抵の人は、自分に都合よく動いてくれる人が好きです。ただ、それで好かれて嬉しいかどうか、よく考えてからやった方がいいと思います。

自分が、人の思い通りになれるか想像してみる

人間関係のモヤモヤ

33

ストレスのはけ口にされる

ストレスのはけ口にされてつらい…
愚痴を延々吐かれ続けて…
はけ口って吐き出す場所でしょ?
汚い言葉や愚痴を吐き出す場所ってさ…
愚痴専用の…
トイレだよね…
そのたとえいやぁぁぁ
汚いいいいい
愚痴は汚い言葉だよ
スルーして流さないとトイレも人生も詰まるよ…

ストレスのはけ口にされたら、つらいですよね。愚痴を延々と吐かれ続けたら、たまったもんじゃありません。

よく思うのですが、はけ口って吐き出す場所で、そこに吐き出されているのは、愚痴や悪口などの汚い言葉です。あまり考えたくはありませんが…、ストレスのはけ口って、愚痴専用のトイレみたいじゃありませんか？

トイレを使う度に流すように、愚痴も聞く度にスルーして流していかないと、トイレが詰まるように、心が行き詰まってしまいそうです。

自分をトイレ扱いする相手と仲良くしたいかと聞かれたら、私なら嫌です。だって…トイレですから。つまり（詰まり？）ストレスのはけ口にされるって、それくらいひどいことなんです。だから、もし、今、それに耐えているなら、我慢をしない方がいいと思います。仮設トイレ（一時的な愚痴）にすらなる必要はありません。

愚痴を言いたい人は、相手は誰でもいいという人が多いです。

それに、愚痴を好んで言い合う人達もいます。あなたじゃなくても、大丈夫です。

人が愚痴を吐く相手は、あなたじゃなくてもいい

人間関係のモヤモヤ

34

人からマウントを取られる

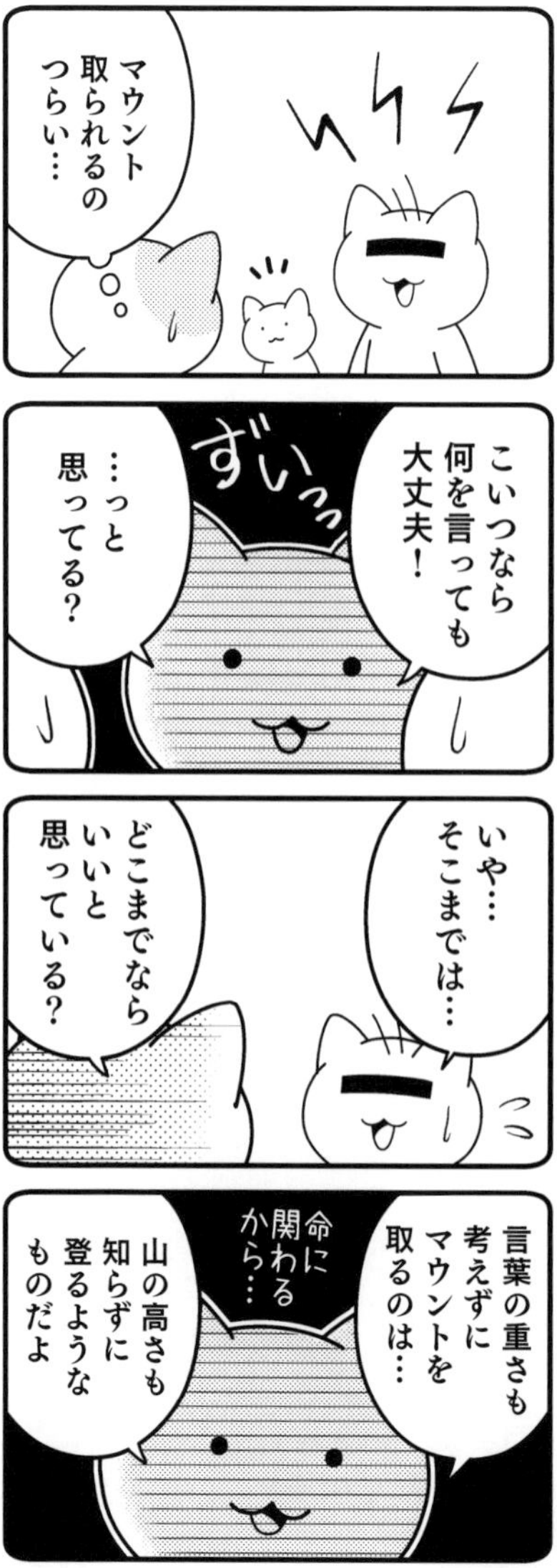
マウント取られるのつらい…
こいつなら何を言っても大丈夫！
ずいっっ
…っと思ってる？
いや…そこまでは…
どこまでならいいと思っている？
言葉の重さも考えずにマウントを取るのは…
命に関わるから…
山の高さも知らずに登るようなものだよ

マウントを取られるのって、すごくつらいです。SNSでも日常でも、もしそういう相手に出会ったら、私は真正面から向き合うより、逃げてしまった方がいいと思います。なぜなら、大抵はどちらかが負けるまで終わらないからです。

マウントを取りたがる人は、自分が相手より優れていることを認めさせたいだけなので、おそらく、攻撃している自覚がありません。だから、時には相手を我慢の限界まで、追い詰めてしまうことがあります。

山登りで言えば、山の高さを知らずに軽装備で登っているようなものです。今、自分の言葉が何合目くらいまで来ているかわからないから、とても気軽に色々なことを言えてしまうんです。山の高さはマウントを取られる側のダメージの高さです。

勝てる勝負なら受けて立ってもいいのですが、自分がやられて嫌なことって、できれば人にはしない方がいいです。

幸い人間は山ではないから動けます。時には逃げるのが大変なこともありますが、可能な限り逃げるのがいいと思います。

攻撃している自覚がない人のマウントとは、戦わない

人間関係のモヤモヤ

35

人が察してくれない

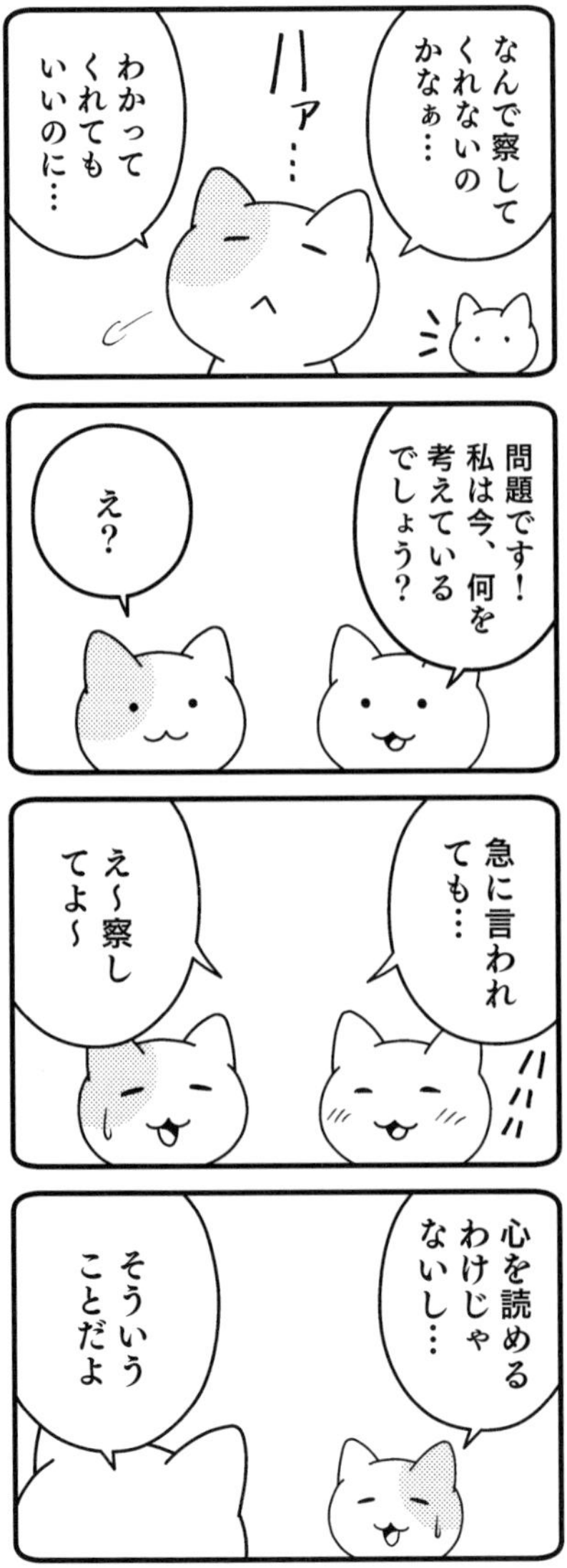

何も言わずに、思っていることを相手が察してくれたら、そんなに楽なことはありません。でも、残念なことに、人の心は読めないので、どんなに仲が良い人でも、思っていることをピタリと当てるのは難しいです。

察して欲しい時って、自分からは言いにくい問題を抱えている時ではないでしょうか？　うまく言葉で説明できないから、気づいて欲しいし察して欲しい。

でも、できることなら、察することを期待するより、自分から話すのがいいと思います。多分、勘のいい人や親しい人なら、なんとなく察することはできるんです。

確かじゃないことを人に言うって勇気がいります。大外れしたら恥ずかしいし、それがもとで、新たな問題が生まれることもあります。

察して欲しいのは、自分が言うべきことを相手に言えないからです。

だから、できればちゃんと要件を伝えて、それでも察して欲しい時は、自分の代わりに言ってもらうことに対して、感謝の気持ちを忘れないでください。

「察してもらえる期待」より、「伝える努力」

人間関係のモヤモヤ

36

気の進まない人間関係を続けている

損得勘定ばかり考えて…
ハハ…
気の進まない人間関係を続けていて…
仲良くすればいいことあるかな〜と
きれいごとを言う気はないけど…
自分が同じことをされたら…
ドキッ
笑って許せる？
笑えない…
笑えないことしてるってことだよ

「この人と仲良くしていれば、いいことがあるかも」

もし、自分が同じことをされた時に、笑って許せないなら、「笑えないようなことをしている」と気づいた方がいいと思います。

ちなみに、そういうことをすると、利用している相手にも、ほぼバレます。利益を得たくて近づいてきた人って、行動や言動があからさまに不自然なのです。

実際に利用するような行動をしてしまう人もいれば、バレないように隠す人もいます。でも大抵は、「一緒にいるのにいいことが回ってこない」時に、少しずつボロが出ます。

普通に友達としてそばにいる人達から見れば、そういう時の行動や言動は、ちょっと異様なのです。だから、利用している相手にも、すぐにバレます。

損得勘定で近づけば、バレた時に一気に信頼を失います。おそらく、期待していた利益より、損失の方が大きいと思います。

「人を騙す人」と仲良くしたい人はいません。笑えない関係は続けない方がいいです。

自分の信頼を失うことが、一番の損失

人間関係のモヤモヤ

37

人を大切にできていない

自分のことに必死で…
身近な人を大切にできなくて…
余裕がなければ人の面倒まで見れないよ
余裕がなくても人に与えてる人はいるよ？
でもそれは…
心配も与えていると思う
大切な人がいる人ほど…
まず自分を大切にすべきだよ

自分のことで手一杯で、身近な人を大切にできていないと、心を痛めてしまう時は、まずは自分を大切にしてください。

私は、自分に余裕がない時は、人の面倒まで見るべきではないと思っています。もちろん、そうせざるを得ない環境にいる場合は別ですが、人を大切にするって、生半可な気持ちではできないことだし、場合によっては大切にしようと無理をすることで、相手の心に負担をかけてしまうこともあるからです。

余裕がなくても、人のために頑張っている人は確かにいます。そういう人はとても素晴らしい人だと思います。

でも、無理をして人に何かを与えると、心配も与えてしまうことが多いんです。

もし、自分の大切な人が、自分のことで手一杯で余裕がないのに、こちらの心配ばかりして何かをしてくれたら…。それは本当に嬉しいでしょうか？　そして、それを素直に受け取れるでしょうか？

仮に受け取ったとしても、感謝すると同時に、多かれ少なかれ、罪悪感を抱くと思います。


人に何かを与える時は、相手に不安を与えないことも大事です。

人を大切にするのはいいことだし、善い行いをすると気持ちがいいです。された方だって嬉しいです。

でも、それは、相手が不安や罪悪感を抱かないで済む時だけです。

余裕がない人から与えてもらうと、大抵の人は、自分の幸せのために人を犠牲にしたような気持ちになります。そういう気持ちはなかなか消せないし、いつか負い目になるんです。


もし、それでも、自分の余裕に関係なく、相手を大切に思い、少しでも相手のために何かがしたいなら、言葉で伝えるだけでも十分だと思います。

「あなたのことを大切に思っています」

言葉一つでも、心が救われることは沢山あります。

真面目に言うのが恥ずかしいなら、別の言葉でもいいです。

たまに会う時に「元気にしている？」と健康を気遣ったり、定期的に「最近どう？」と、メールを送ってみたり。自分のことを気にかけてくれる人がいるだけでも、心の支えになるものです。


大切なのは思いです。どんな行動も思いが伴っていなければ意味がありません。できる時にできる範囲のことを。自分が相手を思うように、相手も自分を思っているかもしれません。

少なくとも、逆の立場の時、心配になるようなことは、しない方がいいと思います。

大切な人のためにも。

大切な人のために、まず自分を大切にしてあげる

サンクチュアリ出版＝本を読まない人のための出版社

はじめまして。サンクチュアリ出版・広報部の岩田梨恵子と申します。この度は数ある本の中から、私たちの本をお手に取ってくださり、ありがとうございます。…って言われても「本を読まない人のための出版社って何ソレ??」と思った方もいらっしゃいますよね。なので、今から少しだけ自己紹介させてください。

ふつう、本を買う時に、出版社の名前を見て決めることってありませんよね。でも、私たちは、「サンクチュアリ出版の本だから買いたい」と思ってもらえるような本を作りたいと思っています。そのために"1冊1冊丁寧に作って、丁寧に届ける"をモットーに1冊の本を半年から1年ほどかけて作り、少しでもみなさまの目に触れるように工夫を重ねています。

そうして出来上がった本には、著者さんだけではなく、編集者や営業マン、デザイナーさん、カメラマンさん、イラストレーターさん、書店さんなどいろんな人たちの思いが込められています。そしてその思いが、時に「人生を変えてしまうほどのすごい衝撃」を読む人に与えることがあります。

だから、ふだんはあまり本を読まない人にも、読む楽しさを忘れちゃった人たちにも、もう1度「やっぱり本っていいよね」って思い出してもらいたい。誰かにとっての「宝物」になるような本を、これからも作り続けていきたいなって思っています。

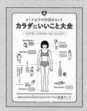

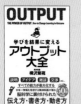

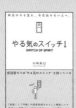

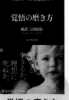

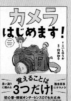

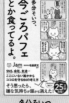

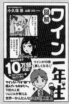

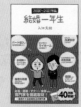

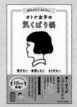

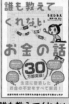

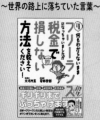

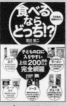

クラブS
会員さまのお声

読みやすい本ばかりでどの本も面白いです。

会費に対して、とてもお得感があります。

電子書籍読み放題と、新刊以外にも交換できるのがいいです。

来たり来なかったりで気長に付き合う感じが私にはちょうどよいです。ポストに本が入っているとワクワクします。

サイン本もあり、本を普通に購入するよりお得です。

自分では買わないであろう本を読んで新たな発見に出会えました。

オンラインセミナーに参加して、新しい良い習慣が増えました。

何が届くかわからないわくわく感。まだハズレがない。

本も期待通り面白く、興味深いものと出会えるし、本が届かなくても、クラブS通信を読んでいると楽しい気分になります。

読書がより好きになりました。普段購入しないジャンルの書籍でも届いて読むことで興味の幅が広がりました。

自分の心を切り開く本に出会いました。悩みの種が尽きなかったのに、そうだったのか!!!ってほとんど悩みの種はなくなりました。

CHAPTER 3

仕事のモヤモヤ

仕事のモヤモヤ

38

常にオンラインで逃げ場がない

会議も飲み会もオンライン…
よーっ
オス!!
常につながってて逃げ場がない…
ハァ…
たまには回線ぶった切れたことにして逃げちゃおうよ
え——!?
ネットの回線切れや処理オチなんてよくあるじゃん
でも、ウソをつくのは…
心の回線も処理能力も落ちてるから
気分も落ちてる
ハハハ…
ある意味ウソじゃないよ

テレワークが導入されてから、自宅での自由がないと感じる人が増えているそうです。

突然ですが、サスペンス映画って、一番ハラハラするのは、逃げ場がなくなって、追い詰められた時だと思います。主人公なら突然抜け道を見つけたり、たまたま転がっている武器を拾ったりして生き残れますが、それ以外の役の人は、大人しくやられるか、うまく相手を騙したり、時間を稼いだりして逃げるしかありません。

ストレスで一番怖いのは逃げ場を失った時です。

逃げられるうちは、まだなんとかなります。だから、テレワークでも逃げ場がないと感じたら、時にはウソをついてでも、逃げた方がいいと思います。回線が切れたことにして、ちょっと席を離れるようにするとか。

ウソをつくのはいいことじゃありませんが、ほんの少しの時間を稼ぐことで、態勢を立て直せるなら、多少はアリではないでしょうか？　もちろん、さぼったりズルをしたりするのはダメですが、自分を守るためのウソは、時には必要だと思います。

逃げ場を確保するためのウソも、時には必要

仕事のモヤモヤ

39

人が怒られていると自分ごとに感じてしまう

仕事で誰かが怒られていると…
自分が怒られているように感じて…
怒られる人に共感してしまうのは…
明日は我が身だからじゃない…？
毎日そんな光景を見てたら怖くもなるし…
次は私の番かも…
簡単に自分が怒られる姿も想像できちゃう
楽しい場所では楽しいことに共感するでしょう？
自分の問題じゃなくて…環境の問題かも

仕事で誰かが怒られているように感じるのは、本当に何でも共感してしまう優しい人か、明日は我が身で「心当たり」がある人だと思います。

心当たりは自分に問題がなくても、簡単に作れるんです。

たとえばもし、毎日のように、誰かが怒られているのを見かける職場だったら。

最初は他人ごとだと目をそらせても、ずっと続けば、自分が怒られている姿も、簡単に想像できるようになります。

つらいことに共感してしまうのは、気にしすぎる性格であるとか、自分にばかり原因があるからとは限りません。繰り返し同じものを見たり聞いたりし続けると、洗脳と同じで、「自分もそう」だと感じ、「そうなっていく」ことは、結構あるんです。

だから、自分が怒られているように感じるのは、もしかしたら、環境のせいもあるかもしれません。

職場の外に、穏やかに過ごせる場所を探してみるのはどうでしょう？

毎日、見聞きするものが少し変われば、共感するものも、変わってくると思います。

「自分の問題」じゃなくて、「環境の問題」もある

仕事のモヤモヤ

40

誰にも必要とされてないと感じる

今の仕事を続ける意味があるのかな…
フッ…
誰にも必要とされていない気がして…
ハア…
……
それは…誰かや何かのためじゃなくて…
あなたのために必要な仕事？
そこが一番大事だと思うよ…
……

「今の仕事で誰かの役に立っているのか？　必要とされているのか？」と自分の存在意義について考えると、色々な不安が込み上げてくると思います。

「自分がいなくても誰も困らない」と思うと、頑張る気力も薄れてきます。

存在意義を見出すために、「誰のためなら役立てるか？」「何ならできるか？」など、細かく考えていくことで、それを見つけることもできますが、私は、逆の視点で考えるのもアリだと思います。

まず、仕事というのは変えられるし、自分が選んで決めたものです。

あなたが仕事に選ばれたと思うと、存在意義に悩みますが、自分が選んだと思えば、「この仕事に私は必要か？」ではなく、「この仕事は私に必要か？」と、視点が逆転します。続けるのに迷う仕事は、「自分のために役立っていない、必要ではない、やらなくても困らない仕事」ということになります。

人のために何かしたいなら、ボランティアや募金など、方法は他にもあります。

仕事は、自分のために選んでもいいと思います。

「この仕事は私に必要か？」と、視点を逆にしてみる

仕事のモヤモヤ

41

うまく力を抜けずに余裕がない

仕事ですべてをちゃんとやろうとすると、疲れてしまいます。

そんな時、うまく仕事を回している人を見たら、「どうすれば余裕が持てるのかな？うまく力を抜けるのかな？」と思うかもしれません。でも、仕事ってできれば真面目にやりたいし、手抜きをするのも気が引けます。だから、やっぱり、やりたいと思えるところまで、全力でやった方が悔いはないと思います。

仕事でうまく力を抜いている人は、多分、そうしているように見えるだけで、本当に力を抜いているわけじゃないんです。

人って頑張ったり続けたりしていくと、いつかはそれが当たり前になります。はじめは毎日数回でつらかった筋トレが、続けるうちに沢山できるようになるようなものです。力がつけば余裕が生まれ、「そつなくこなせる」ようになり、負担に感じなくなります。

だから、力を抜く方法を考えるより、納得するまでやって、当たり前にできることを増やしていけばいいと思います。

できることが増えれば、自然と力を抜けるようになる

仕事のモヤモヤ

42

自分は会社の駒だと感じる

はぁ…
ぶっちゃけ会社の駒だよな…
駒が嫌ならやめれば？
辞められないけど…駒は嫌なの！
駒は嫌って言うけどさ…
駒が欠けたらゲームは進まないでしょ？
将棋で言えば歩も王も駒☆
いい駒は王も狙えるし
辞められないなら手放せない駒になれば？

よく、自分は「会社の駒だ」「歯車だ」という悩みを聞きます。

でも、駒や歯車なしで全体が回るかと言えば、一つ欠けても回らないし、冷静に考えたら、重要な部品だって欠けてしまった時は、替えるしかありません。

会社には定年だってあるし、才能のある人ほど転職や起業も多いし。

そういう意味では、会社の中にいるすべての人が、「欠けても替えがいる存在」なのだと思います。ある意味、みんな駒なんです。

たとえば、将棋は見た目からして会社っぽいと思います。

ずらーっと最前線に弱そうな歩（平社員）が並んで、一つ奥に偉そうな強い駒（役職）が守りを固めて、そのど真ん中に王（社長）がいて。それでも、やろうと思えば歩で王を取れてしまう。

もし、辞められないけど駒は嫌だと思う仕事でも、どんな駒になるかは努力次第で選べるし、会社では、替えがいるのが当たり前と思うと、少し気が楽になると思います。

会社では誰でも、替えがいて当たり前

仕事のモヤモヤ

43

怒られると自分の存在もダメだと感じる

仕事で沢山ダメ出しをされたり、注意ばかりされると、「自分の存在そのものがダメなんじゃ…」と、悲しくなることもあると思います。

でも、仕事をしている時間なんて、人生の中では、ほんの一部です。

働いている時間以外にも、一人の時間や、友人や恋人、家族と一緒にいる時間など、沢山の時間があります。そのうちの一つがダメなくらいで、自分の存在そのものまで、否定する必要はありません。

たとえばピザって色々な具がのっていますが、嫌いな具が一つのっていたら、「もうこのピザはダメだ…」とはなりません。少しくらい目をつぶるか、注文の際に、あらかじめ抜いてもらうなどして、外してしまえばいいんです。

人にはダメな部分も沢山あります。でも、欠点なんて人生にまばらにのった具の一つみたいなものです。一つ「ダメ!!」って言われたとしても、全体から見れば些細なことです。「ここはダメでもいいや」って、自分の人生の評価から外してしまってもいいと思います。

ダメな部分も、全体から見れば小さなもの

仕事のモヤモヤ

44

休むことへの罪悪感がある

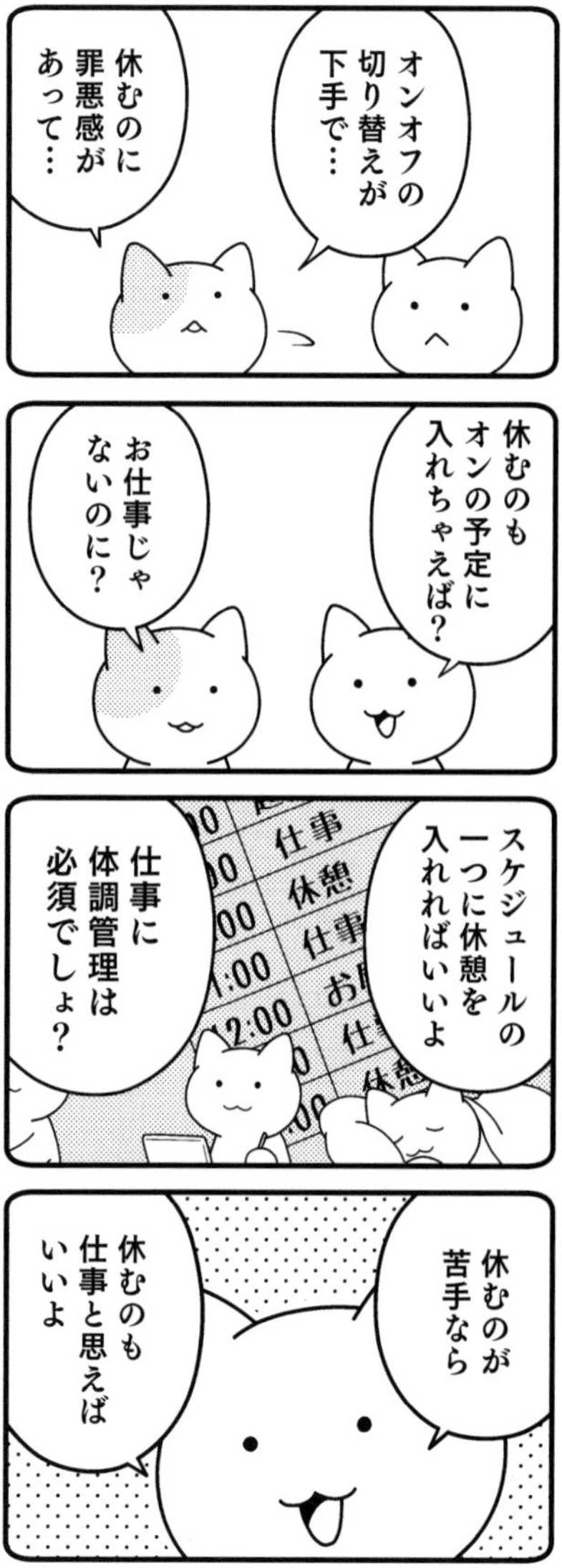

仕事を休むのに罪悪感を抱いてしまう人って、結構いるのではないでしょうか？

実は、私もフリーランスで自宅作業ということもあり、オンオフの切り替えがとても下手でした。仕事以外のことをしていると、なんとなくさぼっているような気持ちになって、友達に「休む練習が必要」と言われたくらいです。

こんな生活をしていたので、身体を壊すことも多く、体調不良で仕事に支障が出るなら、「休めないのは、仕事ができていないのと同じなのではないか？」と考えるようになりました。

それから、休むことに慣れるまで、「休む予定」を入れるようにしました。

休憩も仕事の予定の一つ。人間って続ければ慣れていくので、今は予定を組まなくても、適度にオンオフを切り替えて休めています。

なので、休むのが苦手な方は、休憩もスケジュールの一つに加えてみてください。

筋トレで、筋肉を休ませる日もトレーニングに必要な大事な時間であるのと同じです。仕事にも休むことは必要です。


休むことも、仕事に必要なスケジュールの一つ

仕事のモヤモヤ

45

お金のためにやりたくない仕事をしている

やりたくない仕事をお金のためにやる。そういうこともあると思います。…というか、むしろ、そういう人の方が多いのではないでしょうか？

たとえば、私は技術職なので、よく、「好きなことを仕事にできていいな」と言われますが、職種としては好きでも、好きなことだけできるとは限りません。多かれ少なかれ、仕事だからやっていることもあります。その場合、お金のために仕事をしたことになります。

それを、かっこ悪いとか汚いとか、「金のために仕事をするのか」と言う人もいますが、その人も仕事をしたらお金をもらうだろうし、どれほど崇高な理想を持っていても、お金がなければ食費も家賃も税金も払えません。生きていくのにお金は必要なのです。

希望の職種ではなくても、働いて、そのお金でやりたいことをすれば、「やりたいことのために仕事をしている」のと一緒です。お金のためは、回り回って自分のためです。引け目を感じる必要はないし、自信を持ってやればいいと思います。

「お金のため」は、回り回って「自分のため」

仕事のモヤモヤ

46

人に気を使って注意や意見を言えない

相手に気を使いすぎて…
注意や意見を言えなくて…
それは単に言いにくいだけじゃない？
え？
気を使うって相手のためを思うことで…
…
甘やかしたり都合のいい人になることじゃないよ
人前で恥をかかせるのでなければ
相手が恥をかく前に…
言った方がいいこともあるよ

誰かに対して注意や意見を言えない人は、相手に気を使いすぎている以外に、単純に、「言いにくいだけ」ということもあります。

なぜなら、気を使うって、相手のための行動です。何でも甘やかしたり都合のいいことを言うのが、相手のためではありません。人前で恥をかかせない限り、言いにくいことでも、伝えた方がいいことは沢山あります。

同じ言葉でも、言う相手により、言いやすかったり言えなかったりするなら、「言いにくい人」がいるだけかもしれません。

その上で…、仕事に限って言えば、注意や意見を言うことにより、不利益が出るなら、無理に言わなくていいと思います。

たとえば、横暴な上司であるとか、高圧的なお客様であるとか。何を言っても怒るし、言えば必ず悪い結果になる人っています。

少しズルいかもしれませんが、そういう時は利益優先で、注意や意見を言えなくても、気にしないようにしましょう。だって、利益を出すのが仕事なのですから。

相手に都合のいいことを言うのが、「気を使う」ではない

仕事のモヤモヤ

47

人が期待に応えてくれない

お前に期待してるよ
期待しているんだからがんば…
ちょんちょん
人に期待ばかりして…
あなた自身は何をするの？
過ぎた期待は重いよ…本当に応援したいなら…
期待でつぶさないであげて

人に期待してしまう人って、基本、良い人なのだと思います。

期待されると嬉しいし、頑張ろうという気持ちになります。

でも、期待が大きすぎると、今度はプレッシャーや重荷になり、期待に押しつぶされてしまうこともあります。なので、期待するのはいいことだけど、相手にそれを伝える時は、少しだけ気をつけた方がいいかもしれません。

人って難しいです。応援されすぎてもプレッシャーになるし、まったく期待されないと、「自分は必要とされていないのでは？」と落ち込んでしまう。

私は、人に期待してしまう時は、「それで、自分は何をするの？」と、自分に問いかけるようにしています。人のことより、まず、「自分にもやるべきことがない？」と考えると、ハッとすることがあります。

また、人からの期待に対して、どれくらいなら頑張れて、どれくらいなら負担に感じるかを、リアルに考えることもできます。

自分がされた場合を考えると、人への期待の分量も、計りやすいかもしれません。


人に期待する前に、「自分は何をするの？」と問いかけてみる

仕事のモヤモヤ

48

自分より頑張っている人を見て落ち込む

頑張っている人とか…
結果を出している人とか…
見てると落ち込んでしまうんだ…
何で自分はそれができていないのかなって…
落ち込んでしまうのは…
何かをしたいと思う気持ちが強いからだよ
諦めた人はそれに対して無関心になる…
…
気持ちがあるだけで今は大丈夫!! 焦らずにいこう

頑張っている人や結果を出している人を見ると、今の自分と比べて、落ち込んでしまうこともあると思います。

でも、それって、悪いことではなく、自分にも何かやりたいことがあって、その気持ちが強いから、落ち込むのだと思います。

自分のやりたいことを完全に諦めてしまった人は、うまくいっている人に対して、嫉妬することはあっても、落ち込むことは少ないです。自分とはまったくレベルの違う高みにいる人に対しても、「比べても仕方がない」から、あまり落ち込むことはありません。

落ち込んでしまうのは、「頑張れば自分もそこに届く」という気持ちが、どこかにあるからです。そうでなければ、もっと無関心になります。

だから、落ち込んでしまう時は、「自分にはやりたいことがある」「あと一歩の所まできている」と自信を持って欲しいし、気持ちは焦るかもしれませんが、その気持ちがあることの方が大事だと思って、自分のペースでいくのがいいと思います。

「頑張りたいと思っている気持ち」を大事にする

仕事のモヤモヤ

49

人にほめられたい

認められたい ほめられたい
無意味にほめられても嬉しくないでしょ？
気にしすぎない方が…
意味あるよ〜 承認欲求満たしたい〜!!
あ〜 じゃあ…
シゴトデキテ スゴイネ エライネ（棒）
なんか ムカつく…
そういうことだよ

大抵の人は、自分を認めて欲しいし、ほめられたいと思っています。でも、それを素直に受け取るのは、意外と難しいんです。

たとえば、自分がまったく頑張っていないことでほめられたら、「何でほめられたの？」と、嬉しいより先に、疑問が浮かんでくると思います。もしくは、馬鹿にされたようで、ちょっとイラっとするかもしれません。

ほめ言葉って、自分がちゃんと頑張ってきたことに対してでないと、しっくりとこないんです。「それは違う」と少しでも思うと、誰が認めても、自分が認められません。

その上で、真剣に頑張っていることほど、「簡単に認めてもらえるものじゃない」と、心のどこかでハードルを上げているので、評価が欲しいと自分で言っちゃうと、「言わせた」ような気持ちになって、モヤモヤとします。

だから、あまり評価については考えない方がいいです。

ほめ言葉は、完全にサプライズで言われるから、素直に受け取れるのだと思います。

ほめ言葉は、サプライズで言われるから喜べる

仕事のモヤモヤ

50

テレワークで孤独を感じる

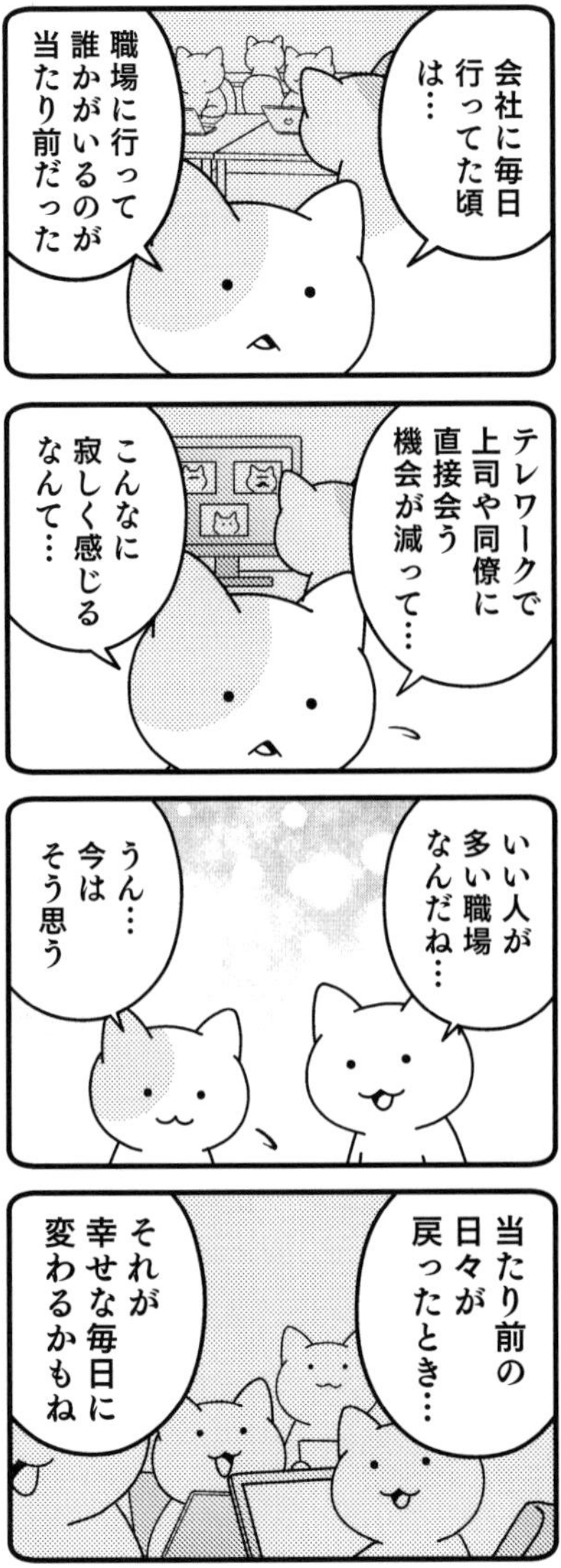
会社に毎日行ってた頃は…
職場に行って誰かがいるのが当たり前だった
テレワークで上司や同僚に直接会う機会が減って…
こんなに寂しく感じるなんて…
いい人が多い職場なんだね…
うん…今はそう思う
当たり前の日々が戻ったとき…
それが幸せな毎日に変わるかもね

新型コロナウイルスの影響で、在宅で仕事をする人が増えました。

毎日会社に行って、そこに誰かがいるのが当たり前だった生活が、テレワークになって、人と直接会う機会が減り、今まではなかった不安や、孤独を感じる人が増えているそうです。

これは戦争体験者の家族に言われたことなのですが…

「今まで会えていた人に会えないことや、生活に制限があることはつらいけど、こうやって話すこともできるし、お互いの安全を知ることもできる」

今、感じている孤独や不安は、一時的なものです。この時期が無事に過ぎれば、また普通に会うことができます。戦争や災害と比べれば、永遠に会えなくなる可能性もずっと低いです。でも、危機的な状況でもなければ気づかなかったことを、知る機会になったのではないでしょうか？

普通に生活していると、気づけないことは沢山あります。当たり前の日々が戻った時、以前より毎日を大切に生きることができるかもしれません。


当たり前じゃない状況だからこそ、気づける幸せもある

仕事のモヤモヤ

51

自分だけ休んではいけないと感じる

頑張っている人がいるのに…
こんな時に休んじゃダメだよね…
あのね…
今は休むターンなんだと思う
人によってやるべきことやタイミングが違うだけ…
いつかバトンを受け取る日がくるから…
自分が頑張る番が来るまで…
待機してると思えばいいよ

もしも、休んでいい時に、「頑張っている人がいるのに、休んじゃダメだ」と思うなら、今は「頑張る番」ではなく、「休む番」なのだと思ってください。

今、頑張っている人は、休む番が来たらちゃんと休みます。

人生では人によって、やるべきことをやるタイミングが違います。必ずしもそのタイミングが周りと一緒じゃないだけで、休むべき時に休んでおかないと、いざ自分の番が来た時に、役割を果たせません。

自分が休んでいる時に働いている人は、「自分とは休日が違う仕事をしている人」くらいに考えればいいと思います。自分が休んでいる日も働いている人がいると、申し訳なく思うけれど、その人達は自分が働いている日が休日で、その日は今の自分と同じように、ちゃんと休んでいます。

人生のリレーを、交代で走っているようなものです。バトンを受け取るまでは、ベストな状態で待機しておきましょう。

そうすれば、いざ自分の番が来た時に、全力で走ることができると思います。

「頑張る番」にベストを尽くせるように、「休む番」がある

仕事のモヤモヤ

52

自分のやりたいことがわからない

目標とか将来の夢とか…
何もやりたいことがなくて不安でさ…
なくても困るものじゃないよ？
でも…子供の頃から学校でも必ず聞かれたし…
子供の頃はそれを答えられなくても
不安にならなかったでしょう？
あってもなくても生きていけるものなのに
大人になると忘れちゃう人が多いだけだよ

私がはじめて「将来の夢」を聞かれたのは、幼稚園の時でした。次が小学生。中学からは進路として真剣に聞かれて、高校、大学、バイトの面接や入社試験。私達は子供の頃から幾度となく「将来の夢」や「目標」を聞かれてきたと思います。

でも、子供の頃は「とりあえず」答えていた人がほとんどで、言う度に内容が変わったり、周りの人や流行に合わせたりで、幼い頃からずっと変わらず、一つの夢を追い続けた人は、少なかった記憶です。

だから思うのですが、将来の夢や目標って、なかなか決まらなかったり、コロコロ変わったりするのが一般的で、むしろバシッと言える人の方が少数派なんです。

でも、人生の分岐点で度々それを聞かれます。

特に、進路として聞かれる頃からは、決められないと、優柔不断と言われたり、親や先生に心配されたり。だから、社会に出るまでに「ないといけないもの」と、無意識に刷り込まれてしまう。

先ほども書きましたが、私は、夢や目標をしっかり持っている人は少数派だと思っています。

だって、生きている間に時代も変わります。科学が進歩したり、医療が発達したり、昔はなかった新たな職業が生まれたり。前よりいいものや楽しそうなものが日々増えていくのですから、誘惑だらけです。やりたいことだって、コロコロ変わって当然です。

その上で、夢や目標は絶対にないと困るものではありません。

だって、今、この問題に悩んでいる人も、それが問題として問われるまでは、普通に生きてきたはずです。

子供の頃は夢や目標を真剣に答えられなくても、そこまで不安にならなかったと思います。成長する中で沢山の刷り込みを受けて、それを忘れてしまっただけです。

夢や目標は、ないと生きていけない人には必須かもしれません。

ただ、そういう人は、それがあることで不安を抱えたり、時には人生が行き詰まってしまうこともあります。

だから、夢や目標があるのとないのと、生きていく上で、どちらがいいのかと問われたら、私は、どちらとも言えないし、どっちでもいい気がするんです。
「あってもなくても生きていける」くらいが、ちょうどいいのだと思います。

今あるルールや常識を決めたのは、今より昔の、どこかの知らない誰かです。時代が変わってもルールや常識だけそのままじゃ、今を生きづらいです。

人生には正解なんてありません。人に迷惑をかけたり、自分を不幸にしたりしないなら、どんな生き方をしてもいいと思います。

夢は、「あってもなくても生きていける」くらいがちょうどいい

仕事のモヤモヤ

53

先の見えない将来が不安

先の見えない不安でいっぱいで…
この先一体どうなってしまうのやら…
モヤ
モヤ
明日病気になるかもしれない…
こんな時代だし…戦争だってあるかも…
あああああ
もしも未来が見えてしまったら…
それはそれでモヤモヤすると思うよ？
見えないうちは憶測で済むけれど…
悪い未来の場合…
見えちゃったら覚悟するしかないからね

先が見えないことに対して不安を感じた時は、こう思うことにしています。

「もしも先が見えてしまったら、今より不安になるかもしれない」

こういうのは、正直なところ、考え始めたらキリがないです。

人間はネガティブなことに対しては、ものすごく想像力が働くし、テレビをつけてもネットを見ても、悪いニュースは尽きることなく、日々、豊富に提供されています。

だから、不安でいっぱいになってしまうなら、考えない方がいいんです。

悪い未来って、見えないうちは憶測で済むけど、見えちゃったら覚悟するしかありません。今の時点で、この先の不安に対して、恐れるばかりで何もできていないなら、実際にそれが見えた時の覚悟も、難しいと思います。

それに先のことはわからないから、何も悪いことが起こらなかったら、心配しただけ損です。

だったら少しでも、それが起こるまでの間、モヤモヤしたり恐れたりする時間を減らした方がいいと思います。

先が見えてしまった方が、不安になることもある

仕事のモヤモヤ

54

やりたいことがあるけど踏み出せない

やりたいことはあるけれど…
リスクが怖くて踏み出せなくて…
でも…やらないと後悔するでしょう?
まぁ…そうだけど…
やりたいことがある人は…
やらないこともリスクだよ
この先一番起こるとまずいことは…
結構なリスク
やらないで悔やみ続けることでしょ?

もし、やりたいことがあるけど、リスクが怖くて踏み出せない時は、やらないこともリスクだと思ってください。

一番取り返しがつかない後悔って、やりたかったことを、やれなかった時だと思います。

どんなに悔やんでも、その時、そのタイミング、そのチャンスは、二度と戻ってきません。そういう想いを自分の中に残すと、人生の中で、「あの時こうしていたら…」と、度々思い出すし、時にはそれが原因で、後の人生が狂ってしまうこともあります。

何かをやることによって生じるリスクもありますが、やれば結果が出るので、同じ後悔をするにしても、やらなかった時と違って、自分の想像力の限界まで、後悔が膨らみ続けていくことがありません。

もちろん、自分が本当に危険だと感じ、心から納得できるなら、事前のリスク回避は必要です。

ただ、踏み出すことだけが怖いなら、一瞬の勇気は必要だと思います。

やりたいことをやらなかった後悔も、人生のリスク

CHAPTER 4

世の中のモヤモヤ

世の中のモヤモヤ

55

情報に振り回される

最近、情報に振り回されてばかりで…
ハァ…
どうすればいいのやら…
解決方法があるにはあるのだけれど…
うーん…
え⁉
あるの⁉
でも、あまりあなた向きの方法じゃないかも…
もう…つらくてつらくて…
それでも聞きたい‼
どうすればいいの⁉
そうやってすぐに…
情報をあてにしないことだよ

情報に振り回されて疲れてしまう時は、思い切って、必要最低限のもの以外、情報をすべて遮断してしまうのもアリだと思います。

情報に振り回されやすい人って、たとえば今みたいな話をしている時も、携帯を取り出し、「情報・振り回されない」などのキーワードで、どうすればいいかの情報を調べてしまったり、誰かに聞いた「〜の方法」をすぐ鵜呑みにしてしまうことが多いんです。そして、また、新たな情報に振り回されてしまいます。

今は、疑問があればすぐに何でも調べられる時代です。考えるより先に、聞いたり調べたりしてしまう。でも、それで気持ちがスッキリしないということは、その方法では、問題が解決していないんです。

だから、まずはじめに、自分で考えるクセをつけるのがいいと思います。

情報はオーダーメイドではありません。占いで同じ日に生まれた人に、すべて同じ運命が訪れないように、解決方法も人それぞれです。

自分に一番合う方法を知っているのは自分です。

世の中にある情報が、すべて自分向けとは限らない

世の中のモヤモヤ

56

ルールを守らない人が許せない

身勝手な奴が多いし…
自粛警察したくなる気持ちもわかるわ…
偏った正義感は危ないよ…
でもさぁ…悪いことしたら裁かれるべきじゃない？
自分が悪いと思った人には何をしてもいいの？
う…
正義の味方は
正義の見方次第だよ

この本を書いていた年に、新型コロナウイルスの対応で、緊急事態宣言による行政からの自粛要請がありました。そして、ニュースなどで、「自粛警察」という言葉を聞くようになりました。

自粛警察とは、行政からの自粛要請を守らない個人や店舗に対して、正義感や不安から、警察でもないのに取り締まったり、嫌がらせをしたりする人達のことです。

実は、私も一度、遭遇したことがあります。詳細は割愛しますが、その時の感想は「なんて身勝手な正義感なんだろう…」でした。帰宅後にニュース記事を見たら、「自粛警察、身勝手な正義感」と見出しに書いてあり、苦笑いしたことがあります。

自粛警察のほとんどは、行き過ぎた行動で非難されていますが、中には、それに共感する人もチラホラといます。

人って、自分が何かのルールに従って我慢している時に、我慢できずに破る人がいると、心の中がちょっとモヤモヤするのです。だから、行動自体は良くないけれど、誰かが仕返しを代行してくれたようで「胸がスッとした」という人も、多かれ少なかれ見かけました。

でも、こういう同調はあやういです。

「悪い人は裁かれるべき」という気持ちは、誰にでもあります。物事の判断基準は、個人の感覚によって違うし、偏りもあります。だからこそ法律があるのですが…、江戸時代の仇討《あだ》ちみたいに、個人的な仕返しを許してしまうと、気づいたら、「自分が自粛警察になってしまっていた」…という可能性もあります。

だからそういう時は、少しだけ冷静になって、立ち止まって欲しいのです。

もしも自分が悪いと思った人を、裁きたい気持ちになったら。その時は…、「正義の味方」は「正義の見方次第」だと思ってみてください。

たまにニュースの事件のインタビューで、犯人の身近な人が「普段はいい人だった」と話すことがあります。でも、被害者や第三者から見れば、犯人はもちろん、悪い人です。

見る人により、持っている情報の量により、個人の判断基準により、その人との関係により、何が正しくて何が間違っているかの感覚は、簡単に変わってしまいます。

だから、「自分が絶対に正しい」という思い込みは、できれば捨てた方がいいんです。

きっと罪を犯した人も、「自分は正しい」と、自分の中の正義感に従ってやったのだと思います。


世の中には理不尽な出来事が沢山あります。

でも、自分が必ず正しいとは限らないし、悪いと思った人になら、何をしてもいいわけではありません。「正義の味方」は「正義の見方次第」です。

「正しさ」は、自分の基準だけでは計れない

世の中のモヤモヤ

57

過激な投稿を見るのがつらい

最近、過激な投稿が多いよね…
誹謗中傷とか自粛警察とか…
見ないのも手だよ
それが一番いいのはわかるけど…
なんで自粛警察のために…
ボンッ…
自分の方が我慢しなきゃいけないのかなって…？
その我慢をやめずにぶちまけたら
それが理性
自粛警察と同じだからじゃない？

ＳＮＳでのマナーが、最近、以前にも増して問題になってきました。誹謗中傷や自粛強要、人を傷つけるための過激な投稿などは、うっかり目にしてしまうだけでも疲れるものです。

私はそういう時は、ＳＮＳをあまり見ないようにしています。でも…、「なんでそんなことをする人達のために、こっちが我慢しなきゃいけないの？」…と、腹が立つ人の気持ちもよくわかるんです。なぜ、マナーを守っている方が、嫌な思いをしないためとはいえ、遠慮しなければならないのだろうって。

でも、まさにこの気持ちが、どちらへ転ぶかの分岐点なのだと思います。

もし、自分の正義感に従って、我慢できずに思ったことを全部ぶちまけてしまったら、自粛警察や誹謗中傷をしている人達と、同じになってしまうし、それを見た誰かがまた心を痛めて、負の連鎖をつなぐ一人になってしまいます。

だから、つらい時は見ないのが一番です。

泣き寝入りのようですが、怒りで人を傷つければ、本当に泣く人が出てきます。

つらさが怒りに変わる前に、「見ない」選択をする

世の中のモヤモヤ

58

SNSでデマを広めてしまった

良かれと思って広めたらデマだった…
やっちゃったね
本当だと思ったんだよ…
ハァー…
罪悪感を感じるのはさ…
ウソでも本当でも…
ドキッ
困る人がいる話だからじゃない？
そういう話は本当でも…
広めない方がいいと思うよ

ＳＮＳにはウソの情報も多いです。良かれと思って広めたらデマを流してしまった…。そんな話もよく聞きます。

でも、それで罪悪感を感じるとしたら、もしかしたらそれは、広めることで誰か困る人や、傷つく人がいる内容だったのではないでしょうか？　それがウソだとわかった時に、がっかりする人がいたり、誰かへの批判そのものだったり。

たとえば、かわいい猫の写真を広めた後で、それは別の人の猫だとわかっても、投稿者に対して怒ったり、次は気をつけようと反省することはあっても、罪悪感までは感じないと思います。

罪の意識を感じるのは、何か良くないことをした自覚があるからです。

だからこそ、ウソか本当かは別として、普段から、それが広まることで困る人がいる話は、広めない方がいいです。

情報を広める時は、まず一息ついて、「これが広まることで困る人はいないか？」をよく考えてみてください。

「これが広まって困る人はいないか？」と、一息ついて考える

世の中のモヤモヤ

59

親しい人がSNSでは別人だった

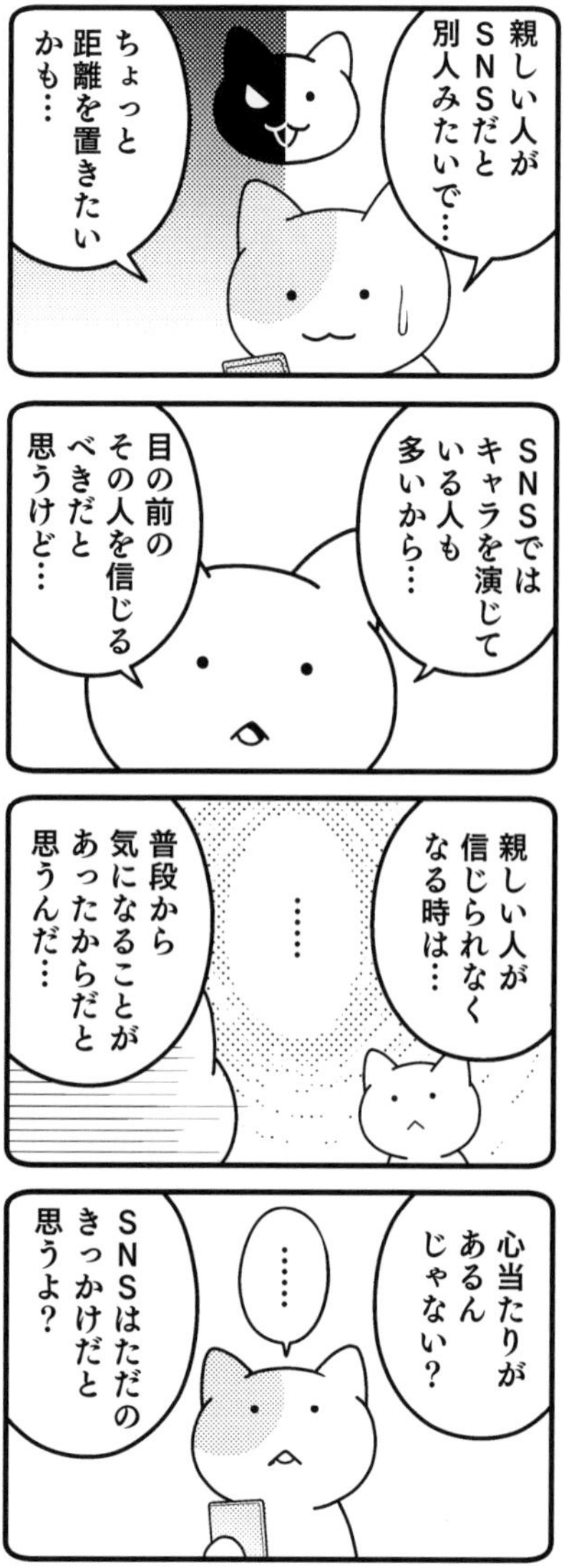
親しい人がSNSだと別人みたいで…
ちょっと距離を置きたいかも…
SNSではキャラを演じている人も多いから…
目の前のその人を信じるべきだと思うけど…
親しい人が信じられなくなる時は…
……
普段から気になることがあったからだと思うんだ…
心当たりがあるんじゃない？
……
SNSはただのきっかけだと思うよ？

もしも自分の親しい人が、ＳＮＳでは別人のように振る舞っていたら。その度合いにもよりますが、はじめは少し驚くかもしれません。

ＳＮＳではキャラを演じている人もいます。普段は真面目な人がユーチューバーをやっていたり、お堅い上司がゆるキャラのような言葉遣いで話していたり。でも、それくらいなら笑って流せるレベルです。そういう意外性は、むしろ愛嬌だと思います。

しかし、ＳＮＳでのその人を見て、スッと気持ちが引いたり、そのまま信じられなくなって、距離を置きたくなってしまったら、それは、ＳＮＳはただのきっかけで、普段からその人に対して、疑う気持ちや、気になることがあったのかもしれません。

よほどのことがない限り、普段からの信頼があれば、親しい人に対して、簡単に不信感は抱きません。きっと別人のようなＳＮＳでの姿に、普段から抱いていた疑問の答えが、見えてしまったのだと思います。

ＳＮＳって、自分も普段とは違う別人（第三者）の視点を持てるから、今まで見えなかったものも、見えてしまうのかもしれません。

第三者の視点になることで、答えがわかることもある

世の中のモヤモヤ

60

SNSで悪口やデマを流された

知り合いがSNSで悪口を流してた…
根も葉もないことを…
マジで!?
周りの人が教えてくれて…
日頃の行いがよくてよかったね
え?
もしも誰も疑わなかったら
それが真実にされていたと思うよ
悪口が力を持つかは
普段の行い次第だから

ＳＮＳでの悪口って、できることなら見たくありません。しかも、それを流しているのが知人で、悪口を流されているのが自分だったら…、考えただけでもつらいです。

ＳＮＳではないけれど、私も日常生活で、一度そういうことがありました。仲が良いと思っていた人が、裏では根も葉もない悪口を言っていたそうで…。

その時は、あまりに相手の言葉が怪しくて、それを聞いて不審に思った人が教えてくれたので、大事には至らなかったのですが、「こういう時に信じてもらえるかどうかだよね」と言われて、ドキッとしました。

もし、自分より相手の方に信頼があって、誰も疑わずに悪口を信じていたら、それが真実にされていたのだと思います。

ＳＮＳでも同じだなって思いました。もちろん、悪口を言う人が一番悪いのですが、その上で、その悪口が力を持つかは、自分の普段の行い次第です。

悪い噂がデマだと信じてもらえない時は、自分にも、多かれ少なかれ、原因があるのかもしれません。

悪口になるかは、自分の普段の行い次第

世の中のモヤモヤ

61

生活に制限があってつらい

コロナで外出自粛がつらい…
ハァ…
制限あるのつらいよね
前に入院したことがあって…その時も行動に制限があって…
2カ月くらいは安静で…
ネガティブになりそうだったけど…
制限の中でできることを探すのも…
これを機に駅までの近道を探そう…
よろよろ
ゲームみたいで楽しいなって
普段は時間がなくてできないこともできるかも…
時間だけはあるし…
資格の勉強でもしてみるか

新型コロナウイルスの対策で、緊急事態宣言が発令されたことで、外出自粛がつらいという声を沢山聞きました。

実は私は、ちょうど、前の年の秋に手術のために入院をして、外出自粛や行動の制限を経験していたので、今回の自粛では、そこまで困ったり、大きなストレスを抱えたりすることはありませんでした。

当時はお腹を切って物理的に動けなかったので、それに比べれば、今回はできることも沢山ありました。限られた制限の中で謎を解く、リアル脱出ゲームではありませんが、探してみると、生活に制限があるからこそ楽しめることも、沢山あります。

買い出しの最短ルートを極めたり、買ったことがない通販の商品を試したり。普段の生活の中では思い浮かばず、探すことさえなかった、便利な商品に出会えたり。行動に制限がある時は、制限の中でしかできないことを、探してみるのもオススメです。

そういう時にしか浮かばないような、欲しいものやアイディアも、沢山あります。

制限があるから、出会えるチャンスやアイディアもある

世の中のモヤモヤ

62

楽しみにしていたことが中止になってしまった

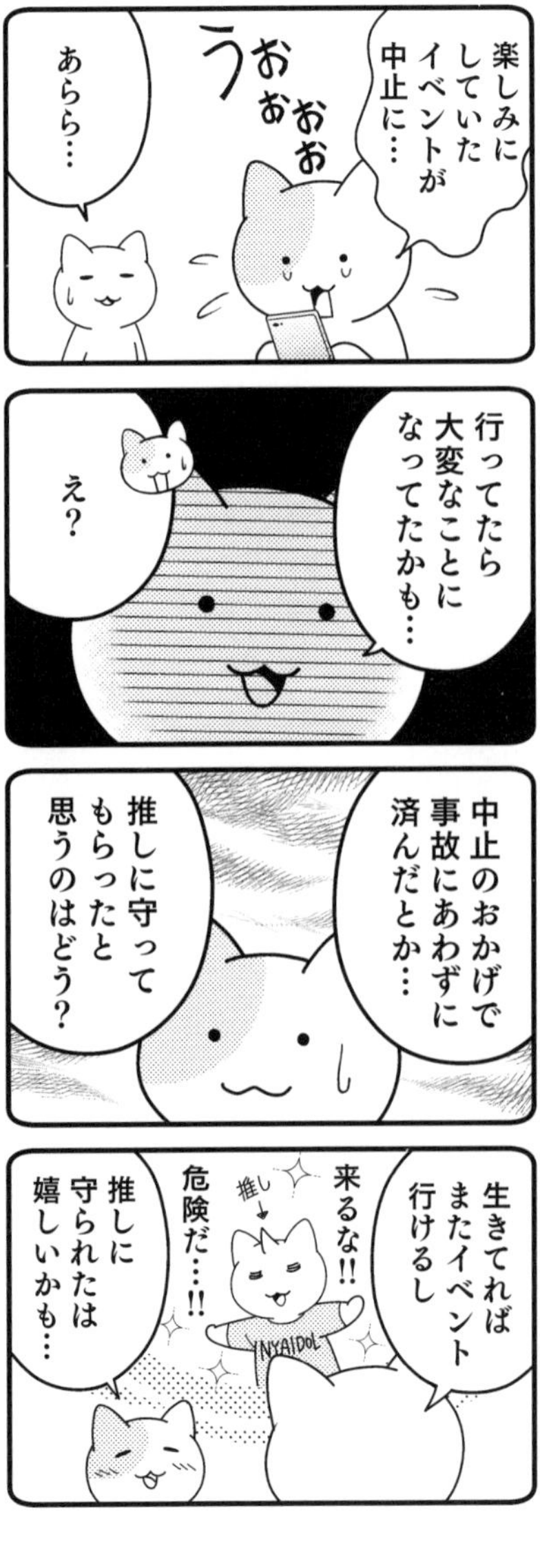

私は、楽しみにしていたイベントが中止になってしまった時は、こう考えることにしています。

「きっと行けなくてラッキーだった！」「行っていたら大変なことになっていた！」

無理やりにでもポジティブに考えないと、楽しみが「突然」つぶれるのは悲しいものです。だから、諦め方としても、「突然」何が起こるかはわからないから、「この偶然に助けられた！」と思うことにしています。

　あとは、お目当ての人やイベントに対しては怒らない。むしろ、助けてもらったと思うことにする。音楽イベントなど、推しがいるイベントなら「推しが守ってくれた」、参加型のイベントなら「推しジャンルが守ってくれた」。

　実は以前、イベント関連の仕事に携わっていて、イベントは、中止にする側が一番の痛手を負うし、できれば中止にしたくないのを、よく知っているんです。

　だから困った時はお互い様、また一緒に楽しもうくらいの気持ちで、次のイベントを無事開催するためにも、助け合っていくのが良いと思っています。

中止のおかげで、守ってもらえたと思ってみる

世の中のモヤモヤ

63

悪いニュースに心を持っていかれる

漠然とした不安を感じる時は、耳に入ってくる暗い情報を、少しでも減らしてみてください。

たとえば、悪いニュースを聞くと、自分に影響がなくても、「明日は我が身？」と、悪い方に考えてしまいます。そういう時にも、幸せな毎日を楽しんでいる人はいるのですが、人は悪い方に考えるのが得意なので、意味もなく不安な時は、悪い情報ばかりをキャッチしてしまいます。

でも、自分に起こらない限りは、良い情報も悪い情報も、他人のことなのです。社会や将来に対する漠然とした不安って、普段はもっと他人ごとのように、適当に流せていると思います。朝食の合間にちらりと見かけて、心の隅に置いておく程度です。ぼんやりとしているのです。

悪い情報に注目すると、今まで気にしないで済んだ沢山の不安を、自分のことのように感じます。だから私は、ぼんやりしたままにしておくことが、大事だと思います。「良くも悪くも他人ごと」くらいに思って、線を引きましょう。

どんなニュースも、自分に起こらない限りは他人ごと

世の中のモヤモヤ

64

身近な人の本性が見えてしまった

ふとしたことで…
身近な人の本性を見てしまって…
信頼していたのに幻滅したよ…
わかったのが常時でよかったね
非常時に本性出されたら…
絶望しかない
下手すりゃ命に関わるよね
考えようによってはラッキーか
…

ふとしたことで、人の本性が見えてしまう時があります。新型コロナウイルスの制限下で、身近な人の意外な一面を見てしまった人も、多いのではないでしょうか？

自粛に対する考えやマスクの着用、社会に対する考え方など、非日常が訪れることで、はじめて見えてくるものもあります。

新型コロナの問題は深刻ですが、意識や対策次第で、危険をある程度避けたり、周りに助けを求めることもできます。でも、これが、自然災害や戦争などであったら…。そういう時に人間関係が崩れれば､命に関わることもあります。そう思うと、今わかったのは、不幸中の幸いかもしれません。

身近な人の本性が見えてしまう時、それが悪いものだけとは限りません。非日常の中でも、信頼できたり、助け合えるような身近な人のいい面を知った人も多いのではないでしょうか？

人の本性を嘆くより、非日常で見つけた宝物を大事にした方が、得るものは多いと思います。

非常時でなかっただけ、ラッキーと思う

世の中のモヤモヤ

65

大変な時なのに自慢してくる人がいる

コロナマウント取ってくる人がいる…
ぐぬう…
何それ？
え～？コロナなのに出社とかありえないｗ
うちはリモート対応になったわ～
あー…あなた達とは違うのよ的なー
人が困っている時は
上から目線で自慢します…っていう自己紹介だね
いざという時そういう人を助けたい？
自分で首を絞めてるだけだから放っておこう

これを書いていた頃、「コロナマウント」という言葉を、よく聞くようになりました。新型コロナウイルスの制限下において、自分の仕事が自粛の影響を受けないことや、収入が変わらないこと、職場がリモート対応をしてくれたり、補償が出るなど…、自粛のために仕事や生活に支障が出ている人に対して、自慢をすることで、マウントを取ることだそうです。

自分の仕事や職場を誇りに思うのは良いことだと思います。でも、それを誰かと比べて自慢したり、見下したりすれば、自分で自分の仕事に泥を塗ることになります。人間関係では、安全な場所からあれこれ言う人は、あまり快く思われません。

もし、自分が困っている時に石を投げてきた人が、助けを求めてきたとして…、素直に手を差し伸べられるでしょうか？「イエス！」と即答できる人は、少ないと思います。

マウントを取って一番困るのは、自慢していた本人です。コロナマウントは、気にせずに放っておきましょう。

困るのはマウントを取ってきた本人だから、放っておく

世の中のモヤモヤ
66

見えないものへの不安や恐怖がある

見えないものより怖いのは、見えている人間

ウイルスって、見えないから、怖いですよね。どこで感染するかわからないし、誰が感染しているかもわからない。


でも、仮に、もしウイルスが目に見えて、そこら辺にフヨフヨ浮いているのが見えたら、避けるのは難しそうだし、町中が逃げ惑う人で、パニックになると思います。

大抵の怖いものは、見えない時より見えちゃった時の方が、もっと怖いんです。

だから、一番怖いのは、今、見えているものだと思います。


日常で言えば、パワハラ上司や攻撃的な人。コロナ禍で言えば、ウイルスを恐れて恐怖をあおる人、買い占めをする人、自粛警察、人に対して攻撃的になってしまう人…。

見えないものを恐れて過剰に反応すれば、二次災害だって起こりかねません。

でも、見えているものに対しては、自分達が恐れず冷静になれば、対処することができるんです。


見えないもの（ウイルス）への対処は、医療機関の人達が頑張っています。そちらは信じて任せて、見えるものへの不安だけでも、減らしていくのが良いと思います。

世の中のモヤモヤ

67

世の中が大変な時に楽しんではいけないと感じる

「世間が大変な時に、楽しむのは不謹慎だ」

私がはじめてこの言葉が怖いと思ったのは、東日本大震災の時でした。

つらいことが多い時こそ、楽しいことを探して、不安に共感しないようにするべきだし、誰かが困っている時こそ、動ける人は動いて、経済を回すべきなのに…。

周りのイベント会社など、〝娯楽は不謹慎〟という自粛モードのあおりで潰れてしまって、悔しく思ったのを覚えています。

私は、人に迷惑をかけたり、悪いことをしたりさえしなければ、どんな時でも、楽しめる人は楽しむべきだと思います。

世の中が暗く落ち込んでしまった時に、暗い海で灯台が見えるように、明るく照らす場所があれば、その場所が元の平穏な日々に戻るための、道しるべになります。

もし、いけないことがあるとしたら、苦労をわかちあうことを強要し、楽しむのを責めることです。人は、帰れる場所があるから戻れるんです。みんなが笑える場所は、戻って来る人達のためにも、できるだけ残すべきだと思います。

みんなが笑える場所のために、楽しんだっていい

世の中のモヤモヤ

68

自分より大変な人がいるのに つらいと思ってしまう

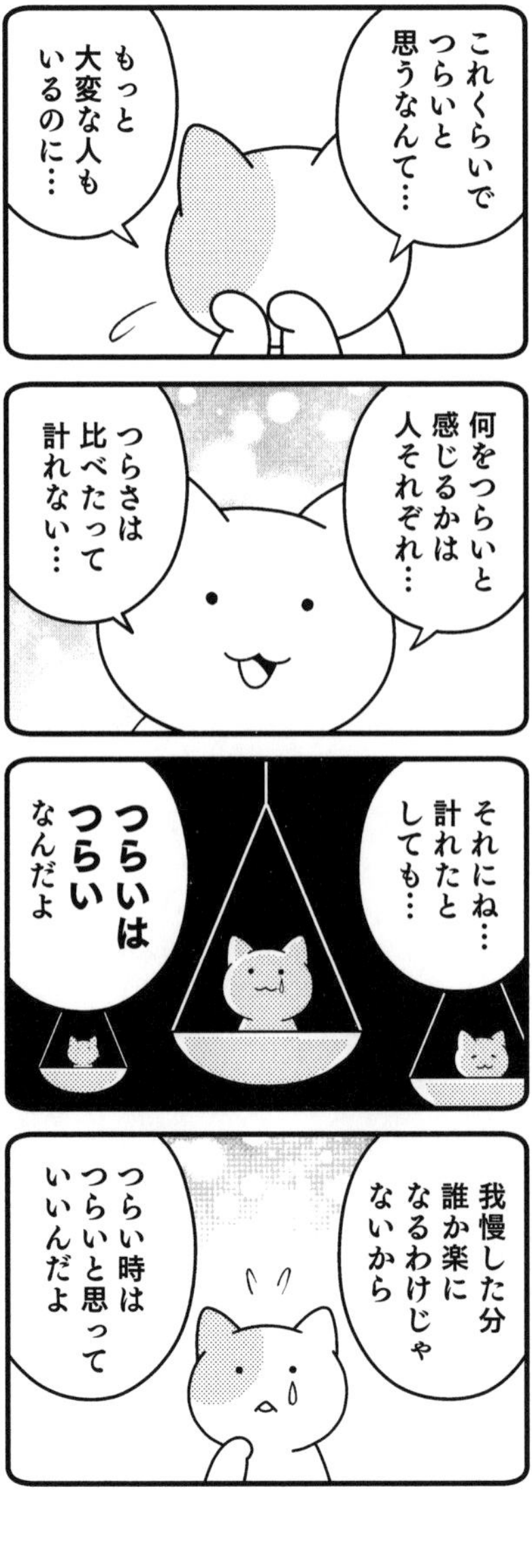
これくらいでつらいと思うなんて…
もっと大変な人もいるのに…
何をつらいと感じるかは人それぞれ…
つらさは比べたって計れない…
それにね…計れたとしても…
つらいはつらいなんだよ
我慢した分誰か楽になるわけじゃないから
つらい時はつらいと思っていいんだよ

心の優しい人は、どんなにつらい時でも、「自分よりもっとつらい人がいるのに」と、無理をしてしまいます。

でも、それで我慢をしたとしても、誰かがその分楽になったり、救われるわけではありません。何より、自分が救われません。

つらい時はつらいと言っていいんです。何をつらいと感じるかも、どれくらい痛みを感じるかも、人それぞれです。他人はその大きさも強さも知ることはできません。

誰かのつらさを理解するための、努力はできますが、「痛み」とか「つらさ」というものは、どんなに仲が良い人でも、医者でも、世界中の誰であっても、計ることはできないんです。

よく、こんな言葉を耳にします。つらい人に対して…、

「それくらいで？」「甘いんじゃない？」「自分の方がもっとつらいし」

聞くのもつらいですよね（苦笑）。こういう言葉は、全部聞き流していいです。

それくらいと言う人は、それがどれくらいかわかっていないし、つらいと言うのは

甘えだと言われても、甘えなければ、つらさが和らぐわけじゃありません。

自分の方がつらいと思うのは、その人の物差しで言っているだけです。つらさを計る物差しは、人の数だけあるんです。


それに、たとえば、人生で「愛する人が一番大事」な人には、生涯をかけて仕事や研究に人生を費やす人の「つらさ」はわかりません。その人にとって一番つらいのは、きっと、「愛する人を失うこと」です。逆の場合も同じです。

こうやって、自分にとって何が大切かによっても、「何をつらいと思うか」は変わります。その人が生きてきた人生や、感受性の強さや性格…。こうなると、もう、つらさというのは「個性」です。

だから、個性のように世の中に一つしかないようなものを、人と比べること自体、意味がないんです。自分よりもっと大変な人はいないし、自分よりうんと楽な人もいないと思います。


それに、仮につらさが計れたとしても、つらいものは、つらいです。

言葉と違って、〝思うこと〟や〝感じること〟は止められません。機械のように、オフにすることはできないから、自分が「つらい」と思う気持ちは、責めても、仕方がないんです。

だから、つらい時はつらいと認めて、早く楽になることだけを考えましょう。

一見、同じように見える心の怪我も、軽症の人もいれば、救急車を呼ぶレベルの人もいます。

自分の中のつらさに気づいて、助けを呼べるのは自分だけです。

つらい時は誰よりもまず、はじめに、自分を助けてあげてください。

つらさは人の数だけあって、比べられないもの

解説

「頭の中の他人」を追い出せば、孤独は怖くない！

精神科医
名越康文

「頭の中の他人」を追い出せば、孤独は怖くない！

精神科医　名越康文

「昨今のコロナ禍で、先生に寄せられる相談内容にも変化はありましたか？」と聞かれることがあります。

答えはNOで、人の悩みのほぼすべては、煎じ詰めれば「人間関係」だからです。

ただ、もともと人間関係にやや過敏で不安をもっておられた方がコロナ禍をきっかけにあらわになり、悩む人が増えているのは事実だと思います。

「あの人に会うことを考えると正直つらい」という思いと、「こんなことで悩む私ってダメなやつ」という思い。これが二重苦になってのしかかってくるんですね。

そういう時に大事なのが、自分が今どんな状況にいるかを自覚して、自分の価値観をうまくずらすこと。

「あっ、今、あの人が言ったことに巻き込まれかけている！」「自分を見失いかけている！」と気づいて、自分の心の地図の中の現在地を確かめる、いわば「今ここ」を理解することが、まずはとても重要なんです。

この本を読むと、自分の「今ここ」がわかります。マンガの中で、嫌なことがあってモヤモヤしたり、悩みを打ち明けたりしているネコを見て、「わかる！」と共感するものもあれば、「こういうこともあるのか」と気づくこともあるでしょう。

そして、悩むネコに助言をする白いネコは、価値観をうまくずらすためのヒントをあなたに教えてくれています。白いネコもかつては同じ悩みを抱えていて、四コママンガには描かれていないゼロコマ目や五コマ目で「君は僕だよ」「僕が立ち直ったんだから君もできるよ」とささやいてくれているような気がします。

精神科医やカウンセラーは、心をラクにするノウハウは知っています。でも、そのすべてが実際の経験に基づいているかといえば、けっしてそうではありません。

この本が秀逸だなと僕が感じるのは、Ｊａｍさん自身がいろんな悩みにはまって、そこから抜け出すことができた瞬間のリアルな雰囲気が漂っている点ではないでしょうか。しかも、「こうすべき」と決めつけるのでも、抽象化しすぎるのでもなく、絶妙な距離感で「こう考えてみたらどう?」と提示しているところもうまいな~と思います。

「読む人にホッとしてもらいたい」というご本人の細やかな心遣いが伝わって来ます。続編となると、たいていその内容は少しはユルくなるものだと思います。ところが本書は、前作より広いテーマを扱っていながら、さらに丹念にパワフルに描かれています。もちろんページに沿って読むのもよいのですが、活字を読むのが苦手な人は、マンガを胸に吸い込むようにして読むだけでも、ラクになると思います。

なぜ、一人でいると、孤独を感じて不安になるのでしょうか。

それは、頭の中に他人がいるからです。頭の中の他人に「一人でいるなんて寂しい人」と思われないか怖くなったり、自分の知らないところでみんな楽しくやっているのではないかと心配したり。一人でいるはずなのに、実は常に誰かの存在や目を気にしていて、それが不安を呼び寄せるのです。

でも、何かに打ち込むこと、好きなことに没頭することは、一人の時間でないとできないことがほとんどなんです。僕も、友人との会話は楽しいですが、どちらかというと一人で行動することが大好き。その中でふと「会いたいな」「話したいな」と思う人が出てきたら、その時は心に従えばいい。一人＝孤独、ではないんです。

誰かと一緒にいるのに寂しいと感じる時は、相手に何かを与えてもらおうと心のどこかで思っているのかもしれません。「私をわかってほしい」「注目してほしい」とかね。自分が相手に何かを与えてあげようと一パーセントでも思っていれば、寂しさは感じにくくなると思います。自分が与えているようで実は、結果的に自分が救われるんです。それでも、どうしても与えてもらいたいという時は、「今日だけわがままを言わせて！」と正直に言ってしまうのもおすすめですよ。

つらい時は、ひと呼吸おくことが自分を見つめ直すきっかけになります。この本はまさに、そのきっかけとなる本です。

「君は僕だよ、大丈夫だよ」という白いネコの声が、きっとあなたの心に届くと思います。

あとがき

この度は、本書をお手に取っていただき、ありがとうございます。

この本を手にしてくださったあなたと、作品を応援してくれた方々と、出版社の方々に、まずはお礼を言わせてください。

前著のあとがきでは、出版にまつわる不思議なご縁の話を書かせていただいたのですが、今回もほんの少し、ご縁を感じることがありました。

それは、この本の「はじめに」に戻るのですが、ちょうど、この本のお誘いをいただいてから執筆の後半くらいに、出版社の方と直接お会いする機会がありまして、平時であれば当たり前のことですが、これを書いていたのがコロナ禍ということもあり、やっとお会いできたのは九月も半ばになってからでした。

その際に差し入れでいただいたのが、東京都文京区にある根津神社に近い老舗和菓子店「一炉庵」の、「猫のひとりごと」という銘菓で、かわいらしい猫の姿が描かれた焼き菓子なのですが、こちらのお店が、サンクチュアリ出版さんのすぐ隣のお店だったのです。

何度か出版社まで赴いたことはあるのですが、「隣は和菓子屋さんか」くらいにしか思っていなかったので、まさか、隣にそんな名店があったとは…。

「猫のひとりごと」は、夏目漱石に想いを馳せて考案されたお菓子だそうで、ここには漱石もしばしば訪れていたようです。

調べたところ、近くに漱石が『吾輩は猫である』を執筆中に、三年間住んだ夏目漱石旧居跡もあるそうで、今度、出版社に行く際は、そちらにも寄ってみようと思いました。

根津神社付近は友人が住んでいることもあり、本を執筆する前にも何度か訪れているのですが、近くには〝猫の街〟として知られる谷中銀座もあります。

そう思うと、はじめの本の出版から、猫のご縁に導かれていたのかもしれません。

「はじめに」で夏目漱石の名言を紹介しようと思ったことも、ご縁の一つなのでしょう。

まだ、あとがきページに余裕があるので、もう少し書かせてください。

実は私は、「はじめに」とか「あとがき」とか、本文以外の、自分について語る文章を書くのが、少し苦手です。なんというか、人生も半ばの自分には、たいして語るほどのこともなく、それを「本」という長く残る形に記すのが、少し恥ずかしかったり。

そんなわけで、「はじめに」は文豪の名言から始まり、あとがきでは、周囲との不思議なご縁を書いたりと、工夫を凝らすわけですが、これって私なりの「孤独」を乗り越えてきた方法の一つなのでは？　と思いました。


今でこそ孤独な時間も必要で、その時間を人生の自由時間として楽しむことができますが、やはり昔は寂しくて、いつも人との縁を探していました。

その時にしていたことが、日常の些細なことを、しっかりと振り返ることで…。

先ほどの話も、「出版社の隣の和菓子店が有名な店だった」でお終いにすることもできるのですが、細部まで見渡せば、様々な関連性が見えてきて、一本の糸につながったりします。その時に感じるのが、「ご縁」であったり、「運命」であったり。それを思い出す度に、自分以外の人との関わりを感じ、「自分は一人ではない」と思い、自分の人生を支えてくれていた気がします。

もし孤独の中で、人との縁を探している方がいたら、そんな風に考えるのも、良いかもしれません。

この度は、本書をお手に取っていただき、本当にありがとうございました。

逢うべくして逢う人がいるように、この本があなたにとって、逢うべくして出逢った一冊となれますように。

著者

Jam（じゃむ）

ゲームグラフィックデザイナー。イラストレーター。漫画家。

人間関係の悩みを描いたマンガ「パフェねこシリーズ」が、Twitter で累計 50 万以上リツイートされ話題になる。

著書にベストセラーとなった『多分そいつ、今ごろパフェとか食ってるよ。』（サンクチュアリ出版）、『にゃんしゃりで心のお片づけ。』（PHP 研究所）、『言いにくいことはっきり言うにゃん』（笠間書院）など。

監修

名越康文（なこし・やすふみ）

精神科医。相愛大学、高野山大学客員教授。

近畿大学医学部卒業。専門は思春期精神医学、精神療法。

臨床に携わる一方で、テレビ・ラジオでコメンテーターなど様々な分野で活躍中。著書多数。

続 多分そいつ、今ごろパフェとか食ってるよ。
孤独も悪くない編

2020年12月15日　初版発行
2021年　3月　3日　第4刷発行（累計4万7千部）

著者　Jam
監修　名越康文

デザイン　井上新八
DTP　小山悠太
営業　津川美羽（サンクチュアリ出版）
広報　岩田梨恵子／南澤香織（サンクチュアリ出版）
制作　成田夕子（サンクチュアリ出版）
編集　大川美帆（サンクチュアリ出版）

印刷・製本　株式会社 シナノ パブリッシング プレス

発行者　鶴巻謙介
発行所　サンクチュアリ出版
〒113-0023　東京都文京区向丘2-14-9
TEL 03-5834-2507　FAX 03-5834-2508
http://www.sanctuarybooks.jp
info@sanctuarybooks.jp